「親日の在日」として

呉 亮錫

LUFT
メディアコミュニケーション

まえがき

世界は混沌と問題で満ちています。様々な国々の価値観が複雑に絡み合い、駆け引きが錯綜し合い、世界が平和な場所になることは、不可能であるかのようにも思えます。

しかし、果たしてそうでしょうか。たとえ、世界平和の実現が、完全には無理なように思えても、それを願う心そのものは、忘れてはいけないと思います。

確かに、「理想的な世界」は創れないかもしれません。しかし、私は一つの、希望的な仮説を持っています。それは、祖先と歴史を敬う気持ちと、そこから湧いてくる健全な自尊心をもち、「お天道様が見ている」という素朴な信仰心と倫理観を持っている人々で満たされさえすれば、世界はきっと、もっとまともな場所になる、というものです。

それは、難しいことではありません。難しい理論も必要としません。世界の一人ひとりの心の中から、始まることです。儒教には、「修身斉家治国平天下」という言葉があります。天下が平らかになるためには、まずは自分の身を修めるところから始めなければなりません。一人の幸福が、家族へ、社会へ、国家へ、世界へと広がっていくことになります。一人ひとりが、健全な自尊心と誇りを持ち、真っ当な倫理観を持つところから、世界平和への道が始まるのです。たとえ、ゴールは遥か遠くとも。

そうした、「もっとまともな世界」を創っていくために、どうすればいいのか。それを、この日本という国に視点を置き、この国を取り巻く国際関係や、いわゆる歴史認識問題を見渡して、自分なりに考えてみたのが、本書です。特に、歴史的に難しい、日本人、韓国人、そして在日韓国・朝鮮人が、ともにそれぞれのルーツに誇りをもって、健全な関係を築いていくための考え方に主眼が置かれています。

私は在日韓国人三世として生まれ、このたび、日本への帰化を申請しているところです。縁あってこの素晴らしい国に生まれたことに感謝し、そして、これから新たな日本人として、この国の何らかのお役に立っていければと心から願っています。日本のさらなる発展と素晴らしい未来のために、多くの心ある人々と、心を一つに協力していくことができればという希望を込めて、誠に僭越ながら、拙著を、この国を悠久の昔から見守ってこられた日本の神々に捧げます。

二〇一六年　二月吉日　帰化申請の日に

「親日の在日」として　目次

第三章　「日本国民になる」とは、どういう意味か
——国を守ることと民主主義

3　日本が示す世界平和へのヒント

第一章　「安倍談話」が残した宿題

——「歴史」とは何か

1　「時代のバトン」としての歴史

「歴史」とは、何でしょうか。

たとえば、共産主義の〝教組〟にあたるカール・マルクスという人は、かつて「今日までのあらゆる社会の歴史は、階級闘争の歴史である」と述べたことがありました。支配する側と支配される側がいる。搾取する資本家がいて、搾取される労働者がいる。両者の絶えざる戦いが、人類の歴史だというのです。(1)

こうした見方の根底にあるのは、敵と味方がいて、それぞれが戦いを繰り返しながら、人類が今日まで生きてきたという世界観でしょう。つまり、「人間はお互いに反目して、戦うものだ」

という前提が背景にあります。

しかし、こうした見方は、正しいと言えるでしょうか。ここで言う「正しさ」というのは、絶対不変の真理とでも言うような物差しがあって、それに照らして正解か不正解かという意味ではありません。ここで言う「正しさ」とは、いったい人間は、どういう見方を通して歴史を見ていけば、もっとも多くの教訓を学びとり、これからの時代に生かしていくことができるのかという観点からの話です。

ここでひとつの例として挙げたいのは、司馬遼太郎という人のことです。歴史小説を数多く書いてきた司馬さんは、数万冊もの蔵書を持っていたと言われ、東大阪市にある記念館には、現在でもその一部が展示されています。

人類の歴史は、美しいストーリーばかりではなく、ドロドロとした人間模様や、戦争といった悲惨な出来事に満ちています。万巻の書を読み込んで歴史についての物語を書いていけば、さぞ悲観的な見方になるのかと思えば、司馬さんは未来ある若い世代に向けて、希望を託すような文章も残しています。

「二十一世紀に生きる君たちへ」という、小学校の国語の教科書にも載った文章の中で、司馬さんは、自然の一部としての人間が謙虚に生きることの大切さや、人類が助け合いの心を大切にしてきたことを述べ、最後に次のように語っています。

君たち。君たちはつねに晴れあがった空のように、たかだかとした心を持たねばならない。同時に、ずっしりとたくましい足どりで、大地をふみしめつつ、歩かねばならない。私は、君たちの心の中の最も美しいものを見つづけながら、以上のことを書いた。書き終わって、君たちの未来が、真夏の太陽のようにかがやいているように感じた。(2)

歴史について延々と書き続け、人間の明るいところも暗いところも見てきたはずの大作家は、それでも、この小文では、人類の未来に希望を投げかけています。戦乱や悲劇は尽きません。しかし、歴史を見ていく上で大切なのは、人類の経験からいかに多くの学びを引き出し、これからの私たちの生き方に生かしていくかということではないでしょうか。私たち人間の「心の中の最も美しいもの」を見つめて、未来について考えることではないでしょうか。

その上で、注意しないといけないのは、「勝った、負けた」「被害者、加害者」という固定化された色眼鏡で見ることは、歴史から学ぶ際の妨げになるということです。

完璧な人間は、世の中には存在しません。現代にそのような人がいないのと同様に、過去にも完璧な人間はいませんでした。未来にもいないでしょう。完璧な社会も、完璧な国家も、完璧な世界も、あり得ません。その時代、その時代の人々は、間違いと思えることをたくさんしてきたかもしれません。しかし、私たちにとって大事なのは、過去の人々を現在の基準から見て裁いたり、糾弾したりすることではなく、その時代を生きた人々が考えたことや行ったことを材料として、そこから学んでいくという姿勢ではないかと思います。

今日よりも明日、明日よりも明後日、より良い暮らしがしたい。自分の世代より、次の世代、その次の世代へと、より素晴らしい国を、より素晴らしい世界を、受け継いでいきたい――。こうした思いは、多くの人々が持っている、普遍的な願いだと思います。そして、私たちの祖先もそうした思いで、現代に生きる私たちに、「時代」というバトンを渡してくださったのではないでしょうか。そうであるなら、まずはそうした祖先の気持ちや努力に感謝し、自分たちがどう生きていくべきかを考える。そのことが、大事ではないかと思います。

2 「安倍談話」が言ったこと、言えなかったこと

こうしたことを考えていくと、思い浮かぶのは、日本と周辺の国々との間で問題になっている、いわゆる歴史観、歴史認識の問題です。戦後七十年となった二〇一五年は特に、八月の終戦の日に安倍晋三首相が発表した「安倍談話」が注目の的になりました。

この談話については、評価できる点とそうではない点の、両方があると思います。特に一九九五年の「村山談話」と比べると、分かりやすくなります。社会党出身の村山富市首相が発表した「村山談話」は、「日本はアジアを侵略した加害者で悪人の国」というトーンが強く、とりわけ次の一節が有名です。

わが国は、遠くない過去の一時期、国策を誤り、戦争への道を歩んで国民を存亡の危機に陥れ、植民地支配と侵略によって、多くの国々、とりわけアジア諸国の人々に対して多大の損害と苦痛を与えました。（3）

「村山談話」はその後の歴代政府が、共通の歴史認識として踏襲していくことになります。「日本は加害者、アジアは被害者」という図式が明解に描かれたこの談話は、「加害者である日本はアジアに謝罪しなければならない」という、今日まで続く国の方針のレールを敷くことになります。

それでは、「村山談話」と比べるかたちで、「安倍談話」を見てみましょう。「安倍談話」の良かった点としては、「あの戦争には何ら関わりのない、私たちの子や孫、そしてその先の世代の子どもたちに、謝罪を続ける宿命を背負わせてはなりません」と、謝罪外交に幕引きを図る意図を、キッパリと表明したことでしょう。（4）

現代に生きる私たちは、過去を生きた祖先の思いや行いから、これからいかに生きるかという教訓を学ぶことしかできません。たとえ、祖先が何らかの罪を犯したのだとしても、それについていつまでも子孫が裁かれるというのは、健全な発想とは言えないでしょう。朝鮮半島には「罪は三代に及ぶ」という思想がありますが、そもそも祖先の罪は現代の私たちが犯したものではない上に、償いをしようにも時間が経ってしまえば、当事者はこの世を去ってしまっているかもしれません。いつまでも子孫が先祖の罪を償い続けるということは、実際には不可能なことなのです。長い時間が経ったことについては、水に流さなければお互いのためにならないこともあるのです。

そして、「祖先は罪人だった」ということを子孫が心に刻み、それを負い目に感じ続けるのであれば、人間として当たり前の自尊心を持つことができません。日本人が末代にまで渡って、「罪人の子孫」という意識で暮らさなければならないなら、日本人は自分の人生に自信と誇りを持つことができるでしょうか。過去に起きたことは起きたこととして受け止めるとしても、現代を生きる私たちの人生は、私たちのものであり、他の誰のものでもありません。祖先の罪を忘れずに背負って生きることは、姿勢としては尊いことかもしれませんが、それによって現代の私たちが、気持ちにおいて不幸であり続ける必要はないのです。ですから、これからの世代に謝罪する責任を負わせないと明言したことは、談話の良かった点と言えるでしょう。

しかし、その一方で、「安倍談話」には、やり残してしまったことがありました。自らの名のついたこの談話は、安倍首相が考える歴史認識を体現したものと言われます。しかし、実のところ、世論の動向や国外からのリアクションを意識して、言いたくても言えなかった部分が大いにあったことが伺われます。

読売新聞が報じたところによれば、安倍首相は談話を起草した後に、自分を支持してくれている、考え方の近いグループに、その内容を事前に報告していたということです。もともと安倍首相は、これまでに政府が外国へのおわびの一環として発表してきた歴史認識を問題視しており、謝罪にとらわれない「未来志向」の談話を自らの手で出したいという構想がありました。しかし、今回の談話は、「反省」や「お詫び」という言葉を引用しながら、「村山談話」を形の上で継承することになってしまい、「志半ば」というところがあったようです。同紙は次のように報じています。

問題は、自らに近い保守層からの評価だった。保守派の論客である中西輝政京大名誉教授や長谷川三千子埼玉大名誉教授らは、談話で謝罪色が強まることを懸念していた。特に、中西氏は「二十一世紀構想懇談会」のメンバーとして、報告書に「侵略」を盛り込むことに最後まで反対したとされる。自らがよりどころとする保守派から談話を批判されたら、首相はたちまち求心力を失う。首相は閣議決定の数日前、ひそかに保守派の論客や議員に談話内容を伝え、理解を求めた。

内容を知った高市総務相は、首相に「『おわび』が入っているじゃないですか」と驚いたように語った。首相はこう切り返した。

「俺がやれるのは、ここまでが精いっぱいだ」(5)

談話の発表後には、「保守派」と言われる言論誌でも、安倍首相を盛り立てる意味からか、「安倍談話は百点満点だ」といった意見も掲載されていました。しかし、ここで重要なのは、今回の談話を手放しで持ち上げるだけでなく、及ばなかった点についても公平に振り返り、今後の国のかじ取りや外交に生かしていくことではないでしょうか。それは、いわば、安倍談話が残した「宿題」とは何かという問いかけです。

それでは、安倍首相がやり残したこととは何だったのか、そのことを考えてみたいと思います。

この談話が特徴的なのは、一九〇四年からの日露戦争までの歴史については「日露戦争は、植民地支配のもとにあった、多くのアジアやアフリカの人々を勇気づけました」などと評価する一方で、第二次世界大戦へと向かう流れについては、「満州事変、そして国際連盟からの脱退。日本は、次第に、国際社会が壮絶な犠牲の上に築こうとした『新しい国際秩序』への『挑戦者』となっていった。進むべき針路を誤り、戦争への道を進んで行きました」と、否定的な見方を示していることです。[6]

「村山談話」は「わが国は、遠くない過去の一時期、国策を誤り」と曖昧な記述になっていて、過去の日本のどの政策が、具体的に反省が必要な事項なのかが分からなくなっています。その結果、全体の印象として、「日本は侵略国家だった」というイメージを与える文章になっています。その点、安倍首相の談話では、日露戦争までについてはある程度の評価を下しながら、その後の時代については、誤りを認める書き方を取りました。

今回の談話は、安倍首相の手によって日本政府の新たな歴史認識を示したと見ることも、確かにできます。しかし、違う見方をすれば、「日本は侵略国家だった」という総体的な評価はあくまで変えていないわけですから、「遠くない過去の一時期、国策を誤り」という部分をより具体的にした「村山談話の改良版」という言い方もできるわけです。

つまり、第二次世界大戦における日本の戦いが、侵略だったのかどうかという議論については、「村山談話」から方針転換したり、論争を呼ぶような表現を避けたと言えます。「戦後レジームからの脱却」を掲げる安倍首相は、かつて「侵略の定義は定まっていない」と発言するなど、「日本が一方的に侵略戦争を仕掛けた」という見方に対して、何らかの見直しをしたかったものと考えられます。その部分こそが、今回の談話でやり残したことであり、安倍首相が「俺がやれるのは、ここまでが精いっぱいだ」と言った言葉の真意なのでしょう。

先の戦争については、「日本による侵略戦争」という見方が定着しています。しかし、こうした見方以外には、あり得ないのでしょうか。そのことを考えてみたいと思います。

第二次世界大戦における日本の戦いについては、「侵略戦争だった」という評価が多く聞かれ、償うべき歴史として、これまで語られてきました。確かに、敗戦の結果、国土は焦土と化し、多くの人々が犠牲となり、家を失い、家族も失いました。政府にとっての第一の仕事が、国民の生命と幸福な暮らしという「国益」を守ることだとすれば、なぜこれほど悲惨な敗戦に至ってしまったのかという戦略の失敗については、検証し反省すべきことだと思います。このような悲惨な戦争を繰り返すことは、今後絶対に防がなければなりません。それが、現代を生きる政治家の責務でもあると思います。

実は、もっとましな戦い方をするチャンスは、いくつもあったのです。たとえば、アメリカのフランクリン・ルーズベルト大統領は、海外での戦争に参加しないことを公約として大統領に再選しており、野党の共和党は海外での戦争に反対の立場を取っていました。アメリカは大統領の一存で決まるような国ではなく、議会やその背景の世論が、常に大統領の動きを監視しています。

これは歴史の「イフ」ですが、もし当時の日本がアメリカの共和党や、「戦争は嫌だ」という世論に訴えかけることができていれば、アメリカの戦い方に影響を与えられた可能性もあります。あるいは、日本がイギリスと結んでいた日英同盟が一九二一年に解消されてしまったことが、長期的に見て日米が対立する原因となったという意見もあります。こうしたことを振り返り、国としてのかじ取りを反省していくことは、今後も重要なことだと言えます。

しかし、敗戦についての反省をすることは大切ですが、それが行き過ぎて、「日本が一方的にすべて悪かった」と考える見方は、あまりに極端だと言えます。「安倍談話」の発出を控えた時期に、日本のメディアは、「植民地支配」「おわび」「反省」というキーワードが談話に盛り込まれるかどうかにばかりスポットを当て、それしか基準はないとばかりに、談話を〝採点〟しようとしました。まるでマスコミが、「キーワードを漏らさずに、文章を作りましょう。きちんと入れられたかどうかで、採点されます」という試験官か何かであるかのように。いつから私たちは、小論文に取り組む受験生であることを、総理大臣に求めるようになったのでしょうか。首相の出す談話というのは、〝駿台模試〟か何かなのでしょうか。こうした報道姿勢には、奇異な印象を受けました。

そもそも、「植民地支配」「おわび」「反省」というフレーズはいずれも、「日本が侵略戦争を仕掛けて、アジアに迷惑をかけた」という考え方をベースにおいたものです。安倍首相がこうした見方に疑問をもって、談話を出そうとしている時に、マスコミは従来の見方が絶対の物差しであるかのように報じていたわけです。それでは、国民には「なぜ安倍首相は、新たな歴史認識を打ち出そうとしているのか」が伝わらないことになります。片方の見方から報じるだけではなく、この場合は、「安倍首相はどのような視点から、何を考えているのか」についても客観的に伝えてこそ、国民は談話の是非を公平に判断できるようになるはずです。それを怠ったメディアは、公平性を欠いていたのではないでしょうか。

マッカーサーの重要な証言

すべての物事にはそれぞれ、マイナスの面だけではなく、見方によってプラスの面もあることに、目を向けなくてはなりません。日本の戦いの結果、持っていた植民地を失ってしまった欧米の立場から見れば、先の大戦は確かに、「侵略戦争」以外の何物でもないということかもしれません。しかし、歴史にはまた、違った見方も存在します。それは大きく言えば、日本は安全保障上の理由から戦争せざるを得ない状況に追い込まれていた面があったということと、そして、日本の戦いがアジア・アフリカ諸国に残した意義の二つです。

ＧＨＱのトップとして日本の占領政策を舵取りした、米軍のダグラス・マッカーサー元帥は、一九五一年に、米議会上院の外交委員会で次のように証言しています。

日本は絹産業以外には、固有の産物はほとんど何も無いのです。彼らは綿が無い、羊毛が無い、石油の産出が無い、錫が無い、ゴムが無い。その他実に多くの原料が欠如してゐる。そしてそれら一切のものがアジアの海域に存在してゐたのです。

もしこれらの原料の供給を断ち切られたら、一千万から一千二百万の失業者が発生するであらうことを彼らは恐れてゐました。したがつて彼らが戦争に飛び込んでいつた動機は、大部分が安全保障の必要に迫られてのことだつたのです。(7)

一九二九年の米ニューヨーク市場における株価暴落をきっかけに、世界恐慌と保護貿易の波が広がる中で、世界は、資源を「持てる国」と「持たざる国」とに分かれました。日本のような小さな島国にとっては、資源をいかに確保するかが、生き残る上でますます重要な死活問題になりました。日本が戦争に進んだ背景には、このように、「生き残るための戦略」という側面があったのです。特に、日本はアジア政策をめぐってアメリカと対立し、日米開戦前には石油などの輸入を止められてしまっていました。この証言をマスコミが取り上げることはほとんどありませんが、日本と戦った張本人であるマッカーサーがこうした指摘をしているという事実を、見逃すわけにはいかないでしょう。

工業力の差などから考えても、日本がアメリカと戦って勝てる見込みは、ほぼありませんでした。海軍の山本五十六・連合艦隊司令長官ですら、開戦前に「ぜひ私にやれと言われれば、一年や一年半は存分に暴れてご覧にいれます。しかし、その先のことは全く保証できません」と発言していたほどです。それでも、負けを承知で戦わなければならなかったということは、それなりの理由が存在していたはずです。国家というものは、自国の「国益」を常に考えて行動するものですが、その「国益」の最たるものは、自分の国がいかに生き残るかということです。先の大戦では、結果的に敗れはしましたが、当時の指導者たちも「いかに日本が生き残るか」を考え、開戦のやむなきに至ったという面を無視することはできません（もっとも、その戦略が正しかったかどうかは、別に議論しなければなりません）。「一部の軍国主義者たちが、好き勝手に侵略戦争を始めた」というイメージが定着していますが、これはあまりに一方的な見方であることが分かります。

日本の戦いがつくった世界の「常識」

そして、先の大戦において、日本はアジアの植民地解放のために戦い、そして、第二次世界大戦後にはアジアやアフリカの国々が次々と独立を達成していきました。このことは、世界史上の偉業として誇るべきことではないでしょうか。

もっとも、先の大戦に絞って考えるならば、アジアの解放という戦争の大義は、政府が開戦後に公式決定したもので、後付けだったという見方もできます。しかし、日本が緒戦の快進撃で東南アジアを支配していた植民地勢力を追い出したことが、各地の人々のその後の独立戦争を有利にしたことは確かですし、また各地で戦った日本の軍人の中には、純粋にその大義を信じ、実際に現地の国の独立を助けた人も多くいました。たとえば、インドネシアでは終戦後に約二〇〇〇人もの日本兵が現地の独立軍に参加し、独立戦争を援助しています。欧米諸国は植民地において住民を言語や宗派などで分断し、統治者に歯向かえないような施策を取るのが一般的でしたが、日本は逆にインドネシア語を普及させて現地住民が団結できるようにするとともに、独立軍の軍事訓練も行っています。(8)

もし日本の意図が侵略と植民地化だけであったなら、欧米列強と同様に、現地住民の分断を図ってもよかったはずです。しかし、日本が現地の人々の団結をむしろ助けたということは、「侵略戦争」という言葉では片づけられない歴史が、そこに存在していたことを意味しています。

そして、明治時代にいち早く近代化をなし遂げた日本は、先の大戦の前から、アジア・アフリカの希望の星だったのです。大航海時代以降、欧米の国々はアジアやアフリカを次々と植民地に変えていき、アジアで残った独立国は日本とタイだけという状況になっていました。彼らは、「白人こそが優越人種」と信じ込み、「未開の民を教化する」という宗教的な信条を持って、各地の現地住民を奴隷のように扱っていました。こうした世界を、一変させてしまったのが日本です。明治の近代化で列強の仲間入りを果たした日本は、日清戦争での勝利に続いて、日露戦争でも勝利を収めます。黄色人種は白人に勝てないと信じ込まされていた当時の世界で、日本がロシアを破ったことは、衝撃的な出来事でした。日本海海戦でバルチック艦隊を破った東郷平八郎・司令長官や、旅順要塞を苦戦の末に攻略した乃木希典大将らが各地で英雄扱いされるとともに、「黄色人種でも白人に勝てるのではないか」という希望が、植民地とされた地域の人々の間に広がりました。一九一九年には、日本は、新しく発足した国際連盟の規約に、人種差別を撤廃する条項を加えるという提案も行っています。

そして、第二次世界大戦でアメリカと三年半もの間、四つに組んで戦ったことは、「白人の優位」が当たり前のように信じられていた当時からすれば、前代未聞の出来事だったと言えます。歴史家として名高いアーノルド・トインビー氏が、英紙への寄稿の中で次のように日本の戦いを評価したことが伝わっています（オブザーバー紙　一九五六年十月二十八日）。

第二次世界大戦において、日本人は日本のためというよりも、むしろ戦争によって利益を得た国々のために、偉大な歴史を残したといわねばならない。その国々とは、日本の掲げた短命な理想である大東亜共栄圏に含まれていた国々である。日本人が歴史上に残した業績の意義は、西洋人以外の人類の面前において、アジアとアフリカを支配してきた西洋人が、過去二〇〇年の間考えられていたような「不死の半神」でないことを、明らかにした点にある。

今日では、他国の主権やその国の国民の人権を奪う植民地支配は悪いものだと考えられており、人種によって人々が裁かれることもない、平等な世界が到来しています。そして、私たちはそれを当たり前のことだと思っています。常識というのは、いったん広がってしまえば、その「常識」

を創ったのが誰なのか、誰も考えなくなるものです。そして、その前にあった旧い常識を覆すために、どれほどの努力があったのかも、忘れられていきます。

そもそも先住民から奪った土地に国を建て、長らくの間、黒人奴隷を使ってきたアメリカという国でも、黒人の大統領が誕生するような時代になりました。各国の寄り合い所帯である国連でも、有色人種の人材が事務総長などの要職に就くのが、当たり前の慣例になっています。「こういう時代の全てを日本が創ったのだ」と言うつもりはありません。しかし、今日の平等な世界に私たちが生きることができる背景には、先の大戦で命を懸けて戦ってくださった日本の軍人の決死の努力が、確かにあったのです。日本に生きる者として、そしてこの世界の一員として、そのことは決して、忘れないようにしたいと思います。そして、彼ら「英霊」たちに、心から感謝を捧げたいと思います。

こうしたことを言えば、すぐに「戦争を美化している」という批判が飛んでくることは、承知しています。しかし私は、戦争を賛美したり、再び日本が大戦争に巻き込まれてほしいと思って、こうしたことを述べているのではありません。それは、純粋に日本の祖先に感謝し、彼らに供養の心を手向けるためなのです。祖先の行ったことから何らかの意義をくみ取り、彼らに感謝したい、供養したいというのは、人間として自然な心なのではないでしょうか。その自然な心の発露として、私たちは先の戦争にこれまでとは違った光を当て、先人たちの努力に思いを馳せる必要があるのだと思います。そして、祖先の生き方から教訓を見出し、彼らに感謝することは、国を一つにしていくことにもつながります。それがすなわち、自分たちの歴史、国としての歩みを振り返ることになるからです。

確かに、政治家が「祖先は勇敢に戦った。さあ、もう一度、戦おう」と言い始めるようであれば、一体どのような戦争を始めようとしているのか、新たな戦いが私たちの幸福な暮らしを守ることにつながるのか、警戒する必要があります。しかし、そもそも「英霊」を供養することの大切さは、第一に、彼らの気持ちを汲み取り、感謝することにあるのです。「先の大戦をもう一度再現して、何百万人か犠牲になるべきだ。日本はもう一回、焼け野原になってしまえ」と願っている「英霊」は、おそらく皆無でしょうから、「英霊」を追悼することが、そのまま先の大戦のような悲惨な戦いにつながるわけではありません。「英霊への感謝」を「戦争の美化」に安易に結びつけてしまうことは、私たちの自然な供養の心を妨げるという意味で、問題なのではないでしょうか。

3 靖国神社は「反省」の場か、「ありがとう」の場か

ここまで話を進めてくれれば、自然と次にテーマとなるのは靖国神社の問題です。靖国神社については、首相参拝に反対する中国や韓国、アメリカによって、すっかり国際的な政治問題となり、首相も容易には参拝できない状況になってしまいました。確かに、「日本が一方的な侵略戦争を仕掛けた」「一部の軍国主義者が暴走して戦争を起こし、たくさんの若者を死なせた」という見方をすれば、靖国神社に祀られている人々は、戦争犯罪人か、あるいは戦争犯罪人によって無駄な戦いに駆り出されて犬死させられた人々ということになります。そうした見方に立てば、靖国神社は欧米の報道で言われるように、確かに「戦争神社（war shrine）」なのかもしれません。

近年では、こうした歴史観の影響を受けて、首相が「先の戦争への反省」や「不戦の誓い」のために靖国神社に参拝するという光景も見られます。安倍首相も二〇一三年の年末に同神社を訪れた際に、「不戦の誓い」を参拝の理由に挙げて、「日本は、二度と戦争を起こしてはならない。私は、過去への痛切な反省の上に立って、そう考えています。戦争犠牲者の方々の御霊を前に、今後とも不戦の誓いを堅持していく決意を、新たにしてまいりました」と述べています。(9)

確かに、戦った人々は無駄死にしたのだということであれば、「もう国民が無駄死にするようなことがないようにします」という意味で、「反省」や「不戦の誓い」を捧げることは、とても理に適っています。政府を代表する首相の参拝であれば、「死なせてごめんなさい」ということです。しかし、こうした趣旨の参拝には、問題があります。なぜなら、靖国神社はそうした目的でつくられてはいないからです。

旧幕府軍と新政府軍が戦った戊辰戦争が一八六九年に終結してから建てられた靖国神社は、国のために命を捧げた人々の魂を祀り、顕彰することを目的としています。靖国神社は公式ウェブサイトで、次のように説明しています。

靖国神社には現在、幕末の嘉永六年（一八五三）以降、明治維新、戊辰の役（戦争）、西南の役（戦争）、日清戦争、日露戦争、満洲事変、支那事変、大東亜戦争などの国難に際して、ひたすら「国安かれ」の一念のもと、国を守るために尊い生命を捧げられた二四六万六千余柱の方々の神霊が、身分や勲功、男女の別なく、すべて祖国に殉じられた尊い神霊（靖国の大神）として斉しくお祀りされています。

このように多くの方々の神霊が、身分・勲功・男女の区別なく、祖国に殉じられた尊い神霊（靖国の大神）として一律平等に祀られているのは、靖国神社の目的が唯一、「国家のために一命を捧げられた方々を慰霊顕彰すること」にあるからです。つまり、靖国神社に祀られている二四六万六千余柱の神霊は、「祖国を守るという公務に起因して亡くなられた方々の神霊」であるという一点において共通しているのです。(10)

このように、靖国神社の目的は、「国家のために一命を捧げられた方々を慰霊顕彰すること」にあります。慰霊というのは霊を慰めることですが、顕彰というのは功績を称えて多くの人々に知らせるという意味です。ですから、靖国神社の「英霊」たちは、国を守るために命を捧げたという功績があって祀られているということなのです。そうであれば、私たちが靖国神社で祈るべき言葉は、「もう無駄死にさせません」や「死なせてごめんなさい」ではなくて、「戦ってくださって、ありがとう」ということになるはずです。そうでなければ、靖国神社がそもそも存在する意義に反するだけでなく、この国を守るために命を懸けて戦われた方々への冒涜ということにもなりかねません。私たちは、英霊たちがこの国を守るために命を懸けたという事実、そしてその戦いがアジアの解放の一助をなしたという功績を認め、「ありがとう」という気持ちを手向ける必要があると言えるでしょう。(11)

靖国神社への参拝については、諸外国からいろいろな文句がつくことがあります。しかしそもそも、国を守るために命を懸けて戦ってくださった人々を、国家が顕彰し、追悼することは、当たり前のことです。そして、日本は古来からの宗教である神道の作法によってそれを行っているだけなのですから、それに他国が口を挟む権利は、実はないのだと言えます。私たち一人ひとりが、自分の祖先を敬い、感謝し、慰霊する権利を持っています。祖先を供養することはとても重要なことです。そして、国や社会においても、祖先が国に対してなしてくださった功績を称え、慰霊することは、当たり前のことだと言えます。

本来ならば、国を守るために戦うということと、兵士の顕彰と戦死者の慰霊という問題は、切っても切れないものです。国の側から見れば、戦ってくださった方々に感謝することは当然ですし、命をかけて戦う側の軍人にしても、自分の戦いが記憶もされず、感謝されることもないとすれば、ましてや「犬死してかわいそうに」などと思われるとすれば、勇気をふるって戦地に赴くことは難しいでしょう。国家は、外交では解決することができない国益のために、あるいは、侵略を仕掛けられた時に、国を守るために戦争をしなければならないことがあります。しかし、戦争をするからには、戦ってくださる方々への配慮がどうしても必要です。戦後の日本は、憲法九条によって武器を取ることを禁じられましたが、戦ってくださった人々の顕彰と慰霊という面においても、すっかり手足を縛られてしまっていると言えます。

　このごろでは、周辺国からの脅威に備えるために、安倍政権が安全保障関連法制の整備など、国防政策の拡充を進めています。そして、憲法改正に向けた機運も、盛り上がりを見せています。しかし、国防政策と同様に、靖国神社の問題をしっかりと解決していくことができなければ、国を守る体制が万全になることはありません。そのためには、まずは日本に暮らす私たち一人ひとりが、先の大戦で英霊が戦ってくださったことの意義を認め、感謝することから始めなければならないのではないでしょうか。謝罪を繰り返さないという決意を込めた「安倍談話」の次の時代は、私たちの供養の心から始まるのです。

（1）『共産党宣言』マルクス、エンゲルス（岩波文庫）四〇ページ
（2）『二十一世紀を生きる君たちへ』司馬遼太郎（司馬遼太郎記念館）四一ページ
（3）外務省ウェブサイト「戦後50周年の終戦記念日にあたって」（いわゆる村山談話）一九九五年八月一五日、二〇一六年六月一六日閲覧
http://www.mofa.go.jp/mofaj/press/danwa/07/dmu_0815.html
（4）首相官邸ウェブサイト「内閣総理大臣談話」二〇一五年八月十四日、二〇一六年六月一六日閲覧
http://www.kantei.go.jp/jp/97_abe/discource/20150814danwa.html
（5）読売新聞　二〇一五年八月一六日　朝刊　一面
（6）（4）参照
（7）『東京裁判　日本の弁明』小堀桂一郎編（講談社学術文庫）五六四〜五六五ページ
（8）『日本が戦ってくれて感謝しています②』井上和彦（産経新聞出版）などを参照した。
（9）首相官邸ウェブサイト「安倍内閣総理大臣の談話〜恒久平和への誓い〜」二〇一三年一二月二六日、二〇一六年六月一六日閲覧
http://www.kantei.go.jp/jp/96_abe/discource/20131226danwa.html
（10）靖国神社ウェブサイト「靖国神社について」二〇一六年六月一六日閲覧
http://www.yasukuni.or.jp/history/detail.html
（11）『保守も知らない靖国神社』小林よしのり（ベスト新書）などを参考にした。

第二章　お互いを称えあえる歴史認識を探して

——東アジアの「自虐史観」を乗り越えるために

1 「君が代」にさえ耳をふさいだ高校時代

いま思い返せば、私ほど、いわゆる「自虐史観」に染まっていた高校生も珍しかったのではないでしょうか。在日という立場からすれば、正確には「自虐史観」ではなく、「日本悪玉史観」と言う方が正しいのかもしれませんが、昔の私はとにかく、日本という国が大嫌いでした。どれほど大嫌いだったのか、十八歳の当時を思い出しながら、少し紹介してみます。

当時の私は、戦前の日本というのは、世界征服のために戦争をはじめ、朝鮮半島をアジア侵略の土台とするために植民地化し、各国でおびただしい虐殺を行った極悪の国だと、本気で信じていました。日本は朝鮮半島で、朝鮮の人々の言葉であるハングルを奪い、朝鮮名を日本式の名前に改める「創氏改名」を強制し、文化を根絶やしにすることで朝鮮民族を抹殺しようとしたのだと、思っていました。どこで学んだのか、「三光作戦」という言葉も知っていて、日本軍が実際に「殺しつくす、焼きつくす、奪いつくす」作戦を、各地で実践したのだと思い込んでいました。

高校三年生の時に、先生から、一年生の英語の授業で「在日」としての自分の出自についてスピーチしてほしいと頼まれた時には、「在日は日本に強制連行されてきた人々の子孫だ」と、真面目に話したこともあります。民放で終戦の日を前に放送していた特別ドラマを、録画して何回も繰り返し見ては、「みんな、殺し合いをやるために生まれてきたはずじゃなかったのに」と、そのたびに涙を流していたこともあります。

プロ野球の開幕戦を友人と見に行った時には、スタジアムに「君が代」が流れるのを聞いて、起立しないどころか、耳を塞いで、メロディーが通りすぎるのをじっと待ったことすらありました。卒業を間近に控えたころ、学校行事で日の丸を掲げ、君が代を歌うことを国が〝強制〟することに反対する運動に参加していた学校職員の紹介で、地元紙の取材に答えたこともあります。

政治経済の授業では、「私の愛読書は『日本国憲法』です」と宣言する先生の言葉に、深くうなずいたものでした。そして実際に「日本国憲法」を何度も読み返しては、その響きと〝崇高な理想〟に、酔いしれたものでした。ある芸人が「憲法九条を世界遺産に」とテレビで発言しているのを見て、「やはりこの理想を世界に広げていかなければ」と心に誓う自分がいました。高校生向けの合宿型セミナーイベントで、講演された国連の元要職者の方に、「日本は憲法九条を守ってきたが、最近では憲法改正を訴える人がいて平和主義をないがしろにしているが、どうしたらいいと思うか」という趣旨の質問をしたこともあります。

防衛力を少しでも強化することは、「戦争への道」「いつか来た道」だと思っていました。自衛隊も当然、憲法違反だと思っていました。日本に戦争を仕掛けてくる国はないし、そうした国があれば、侵略を許さない国際社会が黙っていないと信じていました。

一九六〇年には、日米安保条約の改定に反対する「安保闘争」という大規模なデモ活動がありました。これについては、これこそが、若者のあるべき姿だと思っていました。そして、「現代の若者は、もっと理想に燃え、覇気を出さねばならない、と考えていました。

日本の首相が、A級戦犯の合祀されている靖国神社に参拝することは、取り返しのつかない苦しみを与えたアジアのみなさんへの侮辱以外の何物でもないと思っていました。在任中に毎年、靖国参拝を欠かさなかった小泉純一郎首相のことは、危険な軍国主義者だと思っていました。そして、元軍人やその遺族の票が欲しいだけの、偽善者だとも。

二〇〇五年のいわゆる「郵政選挙」では、密かに岡田克也・代表の民主党への政権交代を願っていて、「日本を、あきらめない」という同党のフレーズを自分でもよく繰り返していたものです。日本は、中国や韓国への謝罪と賠償を拒み続ける、人道にもとる国だと思っていて、小泉首相の後任には、親中派の福田康夫氏が登板して、中国や韓国との関係修復を図らなければならないと思っていました。日本の政治家が戦争責任を認めず、「アジア」への謝罪を拒否するのであれば、日本に住んでいる者として、私だけでも心から謝りたいと思っていました。

皇室を国費で養っているのは「生活保護」に他ならないのだから、「天皇制」は国民の血税の浪費でしかなく、日本は共和国になるべきだと思っていました。自国民とアジアにこれだけの損害を与えながら、「天皇制」がいまだに存続していることに、疑問を感じていて、皇室のニュースは、見る気がしませんでした。

当時を思えば、いまこうして「親日の在日」という本を書いている自分自身が、不思議に思えるほどです。しかし、ここまで挙げたのが、「親日の在日」となる前の私の姿です。念のため、断っておきますが、ここまでのことはすべて実話です。

私は、「日本人は朝鮮を植民地にして、多くの朝鮮人を殺した」という話を、ときどき父親から聞きながら育ちました。(1)また、自分なりに日本の「戦争犯罪」について調べてみることもありました。そして、日本に生まれながらも日本人ではなく、韓国の血を引きながら韓国人ではないという自分の境遇について、考えながら育ちました。本来なら韓国人のはずなのに、日本で暮らしているこの自分とは、一体どのような存在なのだろう。そうして考えていくと、「日本人が朝鮮人を虐げ、強制的に日本に連れてきた」と考えるのは、とても自然なことに思えたのです。

責め続けて、幸せになれるのか?

しかし、どれだけ日本が嫌いだと思っていても、そして、表向きは日本が嫌いなように時折、振る舞っていても、私の心の中には、ずっと、どうしても解けない、一つの「もやもや」がありました。それは、在日や本国の韓国人が「日本は悪人の国だ」と、何代にも何十代にもわたって恨みの心を伝え続けたとして、そして日本政府に謝罪と賠償を求め続けたとして、それによって在日自身は、韓国人自身は、幸せになるのだろうかということでした。日本をいくら憎んでいるとはいっても、この私自身は、周りの日本人の友達や大人から差別を受けたことはありません。それどころか、日本は優しく穏やかな人が多く、快適で暮らしやすい国であることは、実体験を通してよく知っていました。それでも私は、あくまで植民地支配の「被害者」の子孫として、「加害者」の国である日本のことを、いつまでも恨まなければならないのでしょうか。

いつからか私は、こうしたアンビバレントな思いを抱えていましたが、考えても、考えても、答えが出ることはありませんでした。

私は、日本学校に通っている在日の学生向けに、朝鮮学校が主催していたサマーキャンプに、何度か参加した経験があります。朝鮮学校は在日の子供たちが自身の民族性を育むことができるように設置された学校ですが、運営している朝鮮総連を通じて、北朝鮮が関与していることが知られています。「在日」という同じ境遇を持つ同じ世代の学生が集まって交流を深めるこのイベントには、日本に帰化した人も、そうではない人もいました。私が参加していた時の主な内容は、歌やキャンプファイアー、ＢＢＱといった、万国共通のキャンプという感じでした。

しかし、ある年には、朝鮮大学校の先生という人がゲストで呼ばれて、在日や朝鮮半島の現代史について講義したことがありました。内容は詳らかには覚えていないのですが、「われわれは日本人から残酷な仕打ちを受けた朝鮮人の子孫である。こうした歴史を胸に留め、語り継がなければならない」といった要旨だったことは、記憶しています。そうした結論を聞きながら、私には何とも片手落ちな講義に思えてなりませんでした。歴史を記憶に留め、語り継ぐことは大切かもしれない。でも、それで、何になるのだろう。日本の「加害の歴史」を語り継いだ私たちは、私たち「被害者」の子孫は、どう生きればいいのだろう――。講義の後には、十人ほどの学生でグループ・ディスカッションがありました。それぞれに講義の感想を交換し合いながら、私は、「語り継ぐのはいいとして、それでどうすればいいというのだろう」という率直な疑問を投げかけたのを覚えています。それに対して、グループリーダーの大学生は「いや、語り継ぐことそのものが大事なのだ」という答えで、結局、要領を得ませんでした。

こうした「もやもや」が徐々に解消していったのは、高校を卒業して、アメリカに留学するという経験を通じてのことでした。それまでの自分は海外で暮らしたことがありませんでしたが、アメリカと日本という二つの国を比較する機会を得るとともに、日本が置かれている国際環境や、日本と朝鮮半島との関係を遠くから眺めることができたことが、とてもよい経験になりました。また、専攻として外交と安全保障を選んだことで、国家がどのような原理に則って国際社会で動いているのかを、浅学なりに学べたことも大きかったと言えるでしょう。そして、自分なりに勉強していくうちに、歴史を見る際には、一面的な捉え方だけではなく、様々な見方があり得るということを知りました。特に、東京裁判で堂々と日本の無実を主張したインド人のラダ・ビノード・パル判事のエピソードや、前述のマッカーサー元帥の証言について知ったことなどが、大いに参考になりました。

「もやもや」が氷解した今になって断言できるのは、「被害者、加害者」という図式にとらわれて、過去の祖先の行いを裁くような歴史の見方は、誤りであるということです。そして、誤りどころか、そうした歴史観にとらわれていては、現代に生きる私たち自身が、身を滅ぼすことにもなりかねません。このことは、在日、韓国人、日本人のそれぞれに当てはまります。そして、このことは逆に言えば、在日、韓国人、日本人の三者が「被害者、加害者」という前提を超えて、それぞれの祖先が行った業績を称えあえるような歴史観を構築できた時に、歴史的なわだかまりも解けていくのではないかということです。

ここで私は、歴史を公平に見て、諸外国との建設的な関係を築いていく上での前提となる考え方を二つ提示したいと思います。一つ目には、現代に完璧な人も社会も存在しないように、過去においても完璧と言える人も社会も存在しなかったということ。「勝てば官軍」は国際社会でも通用する概念のようで、「戦勝国のしたことはすべてが善で、敗戦国のしたことがすべて悪かった」という見方をされがちです。しかし、誤りを犯さない個人もいなければ、誤りを犯さない国もありません。それを天秤にかけて、フェアに見ていくことが重要だということです。

そして、それぞれの国や民族には、それぞれの祖先を敬う権利があり、それを他の国や民族が侵害してはいけないということです。たとえば、アメリカ人にはアメリカ人の祖先を敬う権利があります。アメリカ人が、「第二次世界大戦で、自由と民主主義を守るという旗を掲げて戦ってくれた」と、祖先を敬うのは彼らの権利です。しかし、「日本は悪人の国だったから、私たちの祖先が解放してあげた」とまで言ってしまえば、これは言い過ぎです。それは、日本人が自分たちの祖先を敬う権利を侵害しているからです。アメリカ人が自分たちの戦いに大義があったと主張するのは分かりますが、そうであれば日本についても大義がありました。それを事実としてお互いに認め合う必要があります。

これは、日本にとっても同様です。「日本人は第二次世界大戦において、アジア各国の植民地解放を後押しし、手助けした」と言うことはできます。しかし、「アジア各国を日本が解放してあげた」とすべてを押し付けがましく言ってしまっては、今度は現地の国民が祖先を敬う権利をないがしろにしてしまう可能性があります。歴史的な出来事の功罪両面を認めて、それぞれの祖先の行ったことを、お互いに認め合うという姿勢があって初めて、国際関係も良好なものになると言えるのではないでしょうか。

そうした観点から、ここからは、在日、韓国人、日本人それぞれの「自虐史観」について見ていきたいと思います。

2　在日の自虐史観
「強制的に連れてこられた」

まず、在日についてです。

一九一〇年に朝鮮半島が日本の領土の一部となると、貧しかった朝鮮からは、多くの人々が日本に渡ってくるようになりました。渡航を希望する人が押し寄せてきたため、当局は渡航制限を課すなどしましたが、密航などの手段を使って日本に来る人は後を絶たず、内地では取り締まりに苦慮しました。日中戦争の激化によって内地での労働力の需要が高まると、日本政府は一九三九年に、企業による朝鮮人労働者の自由募集を認めるようになり、一九四二年には「官斡旋」という制度に移行します。戦争によって不足する国内の労働力を補うために、朝鮮から移住してもらおうと考えたのです。一九四四年には、「国民徴用令」が朝鮮にも適用され、朝鮮人も日本人と同様に工場などに動員する制度ができました。一九三九年から終戦までに日本で労働者を働かせたことを、一般に「戦時動員」と言います。朝鮮人労働者は鉱山や工事現場など、危険な仕事に従事しました。

こうして、終戦の頃には「在日」は二〇〇万人の規模に達しています。しかし、終戦後に大量に帰国したために六十万人ほどとなり、近年では約五〇万人となっています。日本が朝鮮を治めていた間は、朝鮮人も日本国民ということになっていましたが、敗戦によって日本は朝鮮半島を失います。一九五二年にサンフランシスコ平和条約が結ばれると、在日は正式に外国人という扱いになり、日本国籍を失うことになりました。

そもそも、在日はなぜ日本に来たのでしょうか。在日については、朝鮮大学校の朴慶植氏が一九五六年に書いた『朝鮮人強制連行の記録』という著書などによって、「戦時中に日本に強制連行されてきた被害者やその子孫」というイメージがつきまとっています。このイメージは現在でも消えておらず、要職にある政治家の口からも、こうした発言が飛び出すことがあります。二〇〇〇年には、当時の野中広務・自民党幹事長が記者会見の中で、「かつてわが国が三十六年間植民地支配をした時代に、朝鮮半島から（強制）連行してきた人たちが、今七十万人といわれる在日を構成している」と発言しています。[2] 在日社会には現在でも、民団が進める外国人参政権の獲得など、さらなる権利獲得を求める動きがありますが、その底流には「われわれは日本帝国主義の被害者だ」という意識が流れています。それを強烈に象徴しているのが、「朝鮮人は日本に強制連行されてきた」という説なのです。

しかし、「在日は強制連行の被害者だ」という説は、事実とは異なります。それはなぜかというと、戦時動員で渡日した人々のほとんどはすでに朝鮮半島に帰ってしまっていることが一点。そして、そもそも、戦時中の状況は「強制連行」と呼ぶにふさわしいものではなかったからです。

それぞれについて説明する前に、まず注意しなければいけないのは、言葉の使い方です。「強制連行」という言葉は、使う人によって意味がバラバラです。厳密に言おうとすれば、政府が法的に強制して労働者を連れてきたという意味で国民徴用令による「徴用」が行われた期間だけが、〝強制連行〟ということになります。しかし、「募集」や「官斡旋」の期間であっても、募集のやり方が強制的だったとか、仕事の現場が過酷だったといった理由で、この期間までを含めて強制連行と表現する人もいます。ちなみに、日本内地では一九三九年に導入された国民徴用令ですが、しかし、朝鮮については適用が猶予され、同地で導入されたのは一九四四年九月のことでした。終戦の約一年前のことです。しかも、一九四五年三月には下関と釜山を結んでいた航路の運航が、戦況の悪化によって断絶してしまったため、朝鮮の労働者が内地に徴用されたのは半年だけ。必然的に、その労働者の数は少なくなります。ですから、「強制連行」を問題にする場合には、厳密な「徴用」ではなく、戦時動員の時期に日本に労務者として渡ってきた人々のことを主に指すことになります。

それでは、まずは現在の在日が戦時動員で日本に来た人々なのかという論点から見ていきます。前述のとおり、朝鮮人労働力の日本への移送は、まず企業による募集という形態を取り、それから「官斡旋」「徴用」へと移行していきます。しかし、終戦の後に、日本政府が用意した帰国用の船で、希望する者はすでに帰国してしまっており、その際には、戦時動員によって渡日した人々が優先的に帰国しました。つまり、それぞれの家族にそれぞれの事情はあったでしょうが、現在、日本に住んでいる在日の人々は、基本的には、希望して日本に留まったということになります。

現在、日本に住んでいる在日のほとんどが、強制連行の被害者やその子孫ではないという事実は、在日の互助団体の調査でも明らかになっています。在日本大韓民国青年会は一九八八年、戦前戦中に渡日した在日一世、四二〇五人を対象に、渡航の理由や当時の生活などについて聞き取り調査を行い、その結果を『アボジ聞かせて　あの日のことを』というタイトルの報告書にまとめました（有効回答数は一一〇六人）。それによると、日本に渡ってきた理由として一番多かったのは経済的理由で、三九・六％。次に結婚・親族との同居が十七・三％、徴兵・徴用が十三・三％、留学が九・五％と続き、「その他の理由」が二十・二％となっています。この調査で注目されるのは、「強制連行」にあたると考えられる徴兵・徴用が、一割ほどに過ぎないという点です。しかも、この調査は聞き取りによるものであり、「徴兵・徴用」と答えた人の中で、実際に強制にあたる事例がどの程度なのかを当時に戻って確かめる術はありません。実際は、これよりも少ない数字だと考えるのが自然ではないでしょうか。また、「徴兵・徴用」が行われていないはずの時期に渡日したと答えているにもかかわらず、渡航の理由を「徴兵・徴用」と答えているケースもあります。(3)

外務省の調査でも、在日のほとんどが「強制連行」の被害者の子孫とは言えないということが明らかにされています。同省が一九五九年に発表した「在日朝鮮人の渡来および引揚げに関する経緯、とくに、戦時中の徴用労務者について」という資料です。この資料では、一九三九年から終戦の間に内地の朝鮮人が約百万人増加したことに触れ、そのうち約七十万人は出稼ぎのための渡航と、人口増加によるものだったとしています。残りの約三十万人に関しては、「大部分は工鉱業、土木事業等による募集に応じて自由契約にもとづき内地に渡来したものであり、国民徴用令により導入されたいわゆる徴用労務者の数はごく少部分である」と表現しています。

同資料はまた、戦時中の半年間しかなかった「徴用」によって日本に渡り、資料の時点で日本国内に残っていたのは二四五人だけだったとして、次のように述べています。

終戦後、日本政府としては帰国を希望する朝鮮人には常時帰国の途を開き、現に帰国した者が多数ある次第であつて、現在日本に居住している者は、前記二四五人を含みみな自分の自由意志によつて日本に留まつた者また日本生れのものである。
したがつて現在日本政府が本人の意志に反して日本に留めているような朝鮮人は犯罪者を除き一名もない。(4)

こうした点を見ていけば、「われわれの祖先は日本に強制連行された」という主張が、誤りであることが分かります。
また、これに加えて、朝鮮人の戦時動員が「強制連行」と呼ぶべき性質のものかどうかという議論があります。「強制連行」と言えば、日本人に比べて朝鮮人だけが極めて不当な差別を受け、奴隷的な扱いを受けたかのように聞こえます。しかし、ここで注意したいのは、当時の朝鮮は外国ではなく日本の領土の一部だったということであり、日本は戦争に勝利すべく国の資源を総動員していたということです。「国民徴用令」に限ってみれば、日本内地のほうが朝鮮よりも早くに適用されていました。工場などに動員されて労働を強いられるということでは、朝鮮人だけではなく、日本人も同じだったのです。それを考えれば、「強制連行」の恨みを今日まで引きずるのは、公平とは言えないのではないでしょうか。

確かに、戦時動員で朝鮮人の労働者が向かった先は、過酷な労働現場であったことは確かでしょう。日本人との間に、賃金の格差があったことも確かでしょう。しかし、見落とせないのは、どれだけ内地での暮らしが厳しいものだったとしても、朝鮮から渡航しようとする人々が後を絶たなかったことです。つまり、たとえ内地での暮らしにハンデがあったとしても、半島に留まっているよりはいい暮らしをするチャンスがあったからこそ、朝鮮の人々は内地を目指して海を渡ったのだということです。

「ジャパニーズ・ドリーム」を誇ってはどうか？

こうしたことを踏まえて、私は、「在日の祖先は強制連行の被害者だ」という主張は、正しくないと考えます。このことは、決して、日本に渡ってきた在日に対する差別や、あるいは当時の人々の苦労を否定するものではありません。むしろ私は、当時、海を越えて馴染みのない土地に渡り、そこで苦しい思いもしながら、日々の暮らしを築いていった在日の祖先の努力を、敬いたいと思います。世界中、どこの国に行っても、移民の暮らしは苦しいものです。差別や時には憎悪の目が向けられる中で、身を立て、家族を養っていかなければなりません。今日、私を含め、在日が日本で生きているのは、祖先が苦労してこの国での生活を立ち上げていったからであり、その努力について敬意を持つことは、人間としての自然な感情だと思います。

しかし、そこに「強制連行」を持ち込んで、被害者であることをことさらに主張する必要はないのです。「強制連行されて働かされた」と言えば、まるで無力な人々が目立った抵抗もできずに捕えられ、支配者の言うがままに、言われた通りの仕事を奴隷のようにやらされたかのようなイメージが、独り歩きします。ところが、在日の実情はそうだったでしょうか。実際の在日一世は、日本政府の渡航制限に対しても諦めることなく、中には密航というリスクさえ冒して、内地でのより良い生活を求めて、海を渡ったのではなかったでしょうか（密航という手段そのものを肯定するわけではありませんが）。そして、新たな土地で生活の基盤を築いていったのではなかったでしょうか。アメリカでは一旗揚げようと渡ってきた移民が、自ら道を開いて成功していくことが、「アメリカン・ドリーム」として称賛されています。その例にならえば、自力で懸命に努力して道を開いた在日は、いわば「ジャパニーズ・ドリーム」の体現者だったと表現することもできます。その意味では、在日が祖先を「強制連行の被害者だった」と言い続けることは、他ならぬ自分たちの祖先の努力に泥を塗ることにもなりかねません。「在日は強制連行の被害者の子孫」というストーリーは、在日にとっての自虐史観そのものです。そして、この自虐史観を引きずっている限り、在日は自らの生い立ちについての健全な自尊心を持つことができず、幸福に生きていくことはできないと言えるでしょう。まずは「被害者」という意識を捨てて、純粋に祖先の努力を称えること。そして、在日が道を開く舞台となったこの日本という国に、感謝することから始めるべきではないでしょうか。

さらに言葉を足して言えば、「強制連行された子孫」という立場を維持していくということは、在日がこの日本の社会で健全に生きていく上での障害ともなります。前提として認識する必要があるのは、日本で暮らしてきた在日は、今後も日本の社会で生きていく身なのだということです。すなわち、在日の運命は日本の社会の運命と一蓮托生の関係にあるのですから、日本が国際社会で安全を維持し、より豊かで暮らしやすくなっていくことは、在日にとっても良いことだということです。そしてそのことに、在日として生まれた私のような人々も、貢献していく必要があるのだということです。「私たちは被害者だ。だから権利を要求する」という主張を続けるのは、その妨げにしかなりません。

たとえば、最近では民団が進めている外国人参政権の問題と、朝鮮総連の運営する朝鮮学校が高校無償化の対象とされるかどうかという論点があります。在日についての政治問題といえば、この二点が主にメディアの報道に登場するため、これらの問題をめぐる論争が起きていることを、ご存知の方も多いのではないでしょうか。これらの問題は、外国籍を維持したまま権利の拡大を求める在日の運動が、もはや限界にきているのを明らかにしていると思います。

まず、外国人参政権について議論する場合には、政治に参加するということが、何を意味するかを考えなくてはなりません。ある国の政治に参加する権利を持つということは、その国にもしものことがあれば、国のために戦うという国防の責任と切っても切れない関係にあります。これは、在日がいくら税金を払おうとも、変わらないことです。もし外国籍であっても選挙権を持てるのだとすれば、外国政府が日本で選挙権を持っている国民を通して、日本の政治を意のままに操ろうとすることも、十分、想像できます。たとえ地方参政権だとしても、自治体を乗っ取られるリスクがあるという意味では同じです。特に、日本に対して敵意をむき出しにしている国々が周辺に存在している状況では、参政権をめぐる議論はセンシティブなものにならざるを得ません。

中には、在日は大日本帝国時代の「旧植民地」の住民だったという意味で、特別に参政権を認めるべきだという議論もあるのかもしれません。しかし、外国籍のまま政治に参加する在日の中に、韓国政府や北朝鮮政府の意を受けた人がいないとも限りません。特に、北朝鮮はスパイの訓練として日本人を拉致するような犯罪国家であり、韓国は同盟国ながらも日本をほとんど敵国同然に扱っています。たとえ、在日が日本に暮らしているのには歴史的な経緯があったとしても、これらの国の国籍を維持したまま日本の政治に参加するということは、防衛上のリスクがあるという認識が必要でしょう。参政権の問題は、在日にとっては自らの権利の問題かもしれませんが、日本の社会にとっては国防と密接にかかわる問題なのです。こうした日本社会の立場を顧みずに、ただ自らの権利の拡大を訴えるのであれば、在日と日本の社会とのあつれきが深まるのは、ある意味で当然のことと言えるのではないでしょうか。「選挙権を得たいのであれば、日本に帰化するのが道理である」という考え方は、維持しなければならないと思います。

また、朝鮮学校の高校無償化について言えば、朝鮮学校に拠出する補助金が問題となるのは、そのお金が北朝鮮に流れる恐れがあるからです。核ミサイル開発を続けて日本を恫喝し、あろうことか日本人を国家ぐるみで拉致するような国に、日本人の税金が流れる恐れがあるならば、朝鮮学校に補助金が出ないのは、日本の立場からすれば自然なことではないでしょうか。この問題に関しては、「大人の政治の問題で子供の教育を受ける権利を奪ってはならない」という主張も聞こえます。しかし、そもそも問題を創り出しているのは、周辺国に脅威を与えている北朝鮮の政府の方です。日本政府に補助金を出すように訴えるよりも、北朝鮮に対してその冒険主義的な対外政策を止め、とらわれている拉致被害者をただちに帰国させるように訴えることが先ではないでしょうか。そして、子供たちに健全な教育を受けさせたいと本当に願っているのであれば、「主体思想」などという身勝手な思想を通じて国民を洗脳し、虐げているような国が関与する学校に子供を通わせていて、本当にいいのでしょうか。すべての子供に教育を受ける権利があることは、間違いのないことです。しかし、教育を受ける権利を隠れ蓑に、危険な思想を持つ国家にお金が流れるのであれば、日本社会の立場としては、これを無条件に看過するわけにはいかないのです。

このように、在日が外国籍を維持したままで権利拡大の運動を続けていくことには、限界があることが分かります。在日も日本の社会に暮らす一員だとするならば、日本という国の立場も考慮に入れて物事を考えていく必要があるのではないでしょうか。そして、「自分たちは被害者だ」という意識をいつまでも持ち続けることは、在日の一人ひとりにとっても、社会で暮らしていく上での真っ当な公民意識や遵法精神を持つ上での妨げになってしまいます。

人間が真面目に社会生活を送っていくために重要なのは、自由と責任の自覚です。自由があるからには、社会に対するそれなりの責任が生じます。韓国籍の在日は最近まで、どこの国の国政選挙にも投票できない立場にありました。韓国での法改正によって、二〇一二年の議会選からようやく投票が可能になりましたが、それまではどこの国の政治にも参加することができなかったのです。また、本国の韓国人とは違って、徴兵についても猶予されています。つまり、在日は政治参加と国を守る責任という二つについて、これまで義務や責任と向き合う必要のない立場にあったと言えるのではないでしょうか。そして、そうでありながら、「外国籍のわれわれにも、日本人と同様の権利を認めるべきだ」という主張を展開してきたということになります。これは他ならない在日一人ひとりの精神にとって、不健全なことなのではないでしょうか。それを考えれば、やはり日本に帰化して、この社会のフルメンバーとして生きていくのが、真っ当な道ではないかと思えてきます。私も帰化の申請を進めていますが、日本国籍を取るということは、国民として日本という国民国家の一員となり、政治や社会への責任に向き合うということを意味します。そして、そうであってこそ、在日の不健全な状態は解消されると言えるでしょう。「被害者」という意識を克服して、日本の社会に正当なかたちで参加することは、一人ひとりにとって重要なことなのです。

自分たちは何も悪くないのか？

さらに言えば、「自分たちは被害者だ」という立場を維持している限り、在日は自分たちの行いをきちんと振り返ることもままなりません。「被害者」という自己認識は、「自分たちは何も悪くない。悪いのは他の人や社会だ」という身勝手な自己正当化の考え方につながります。しかし、一〇〇％の善人もいなければ、一〇〇％の悪人もいないのです。在日の祖先は努力して日本で道を切り開いたことは事実ですが、その一方で、彼らの行いの中で反省すべき点は反省するということも、子孫にとって大事なことではないでしょうか。

韓国では、「反日無罪」という状況がまかり通っています。悪いことをしても、理由が日本への抗議であれば、許されてしまうという問題です。たとえば、ソウルの日本大使館前には「慰安婦の像」が建っています。これは、公道に民間団体が勝手に設置したものですし、外国公館の品位を保つように定めているウィーン条約に反しています。したがって、韓国政府が撤去すべきなのは当たり前なのですが、今日に至るまで放置されています。理由が反日であれば、許されてしまうということなのでしょう。「被害者」という意識が、法治をねじ曲げてしまっているケースです。

こうしたことは、在日にとっても気をつけなければいけないことだと考えています。「自分たちは悪くない」という意識が、自分たちのしていることを客観的に見ることを妨げてしまうということです。たとえば、振り返らなければならないのは、朝鮮の人々が終戦直後に「戦勝国民になった」と威張り散らし、日本人に危害を加えていたという出来事です。「日本人は朝鮮人を差別する」というイメージがありますが、差別意識の根底にこうした過去の出来事が生んだ摩擦の影響があるのではないかという視点は、必要でしょう。

たとえば、民団中央団長を務めた権逸氏は、回顧録の中で、終戦直後の朝鮮人の振る舞いについて、次のように証言しています。他でもない在日自身による回想です。

法はあって無きに等しく、警察は文字通り無力であった。したがって、非人道的で破廉恥な行為が平然と行われ、理性が喪失した社会のようであった。このような社会状態が醸しだしたものであるかも知れないが、左翼朝鮮人だけでなく、一般の在日同胞のなかにも、故なく威張り散らして、法を無視することが少なくなかったことは、良識ある同胞の憂慮するところであったし、私たちは見るに忍びなかった。当然のように無賃乗車する者もいたり、中には白墨で車内に『朝鮮人専用』と書いて他人が入るのを拒むことすらあった。傍若無人というほかなかった。

顧みると、当時のこのような行動は、長い間抑圧されてきた者の自然発生的な反撥感から出たものであり、またそれらの者たちにとって感情的には痛快感が得られたかもしれないが、このような行為は敗戦で萎縮した日本人の胸に、朝鮮人に対する憎悪感を植えつける要因になったのではないだろうか。加えて、朝連と建青の絶え間ない抗争は、この憎悪感を増幅させた上、新たな軽蔑感を生じさせたのではなかろうか。

日本の統治下で、三十六年もの間、日本人たちが朝鮮人に加えた数々の行動に比べると、朝鮮人のこのような一時的な、ほんの一年もつづかなかった行動は、大したものではないと言えるかも知れないし、また左翼の闘争理論からすれば当然だったと言えるかも知れないが、民族的な立場から見ると、将来のための配慮が足らなかったのであった。当時もそう思ったが、今もその時のことを思い出すと、全身から汗が流れる思いがしてならない。(5)

台湾人で日本陸軍の軍人となり、内地で終戦を迎えた蔡焜燦氏も、似たような証言をしています。蔡氏は台湾へと引き揚げるため、一九四五年十二月に京都から佐世保へ向かったそうですが、そこでの道中、朝鮮人旅行者からのしつこい嫌がらせに遭ったと言います。

新聞は、近衛文麿元首相の自決を報じ、列車の中では戦勝国民となった朝鮮の連中が威張り散らしている。（中略）

座席の下に置いた新品の飯盒を朝鮮人に盗まれ、それを奪い返そうとすると、「なんだお前、朝鮮人をバカにするな！　降りてこい！」と、たちまち数人に取り囲まれてしまった。多勢に無勢、勝ち目はない。こうなっては、「すみません、私の記憶違いでした」と謝り、難を逃れるしか術はなかった。

それから佐世保に到着するまでの三十時間、連中は執拗に私を含め多くの日本人乗客をいびり続けた。

若い女性がトイレに行こうとすると通路を塞ぎ、次の駅で窓から降りるように指示するなど、この連中のあまりにも情けない行状を、私ははらわたが煮え繰り返る思いで眺めていた。ただ黙って見ているしかなかったのである。(6)

一般に、いじめ問題でも差別問題でも、「被害者」とされる側の非を指摘することはタブー視されますし、そうした理由での批判があり得ることは、私も重々、承知しています。しかし、在日が日本の社会で良好な関係を築いて生きていくためには、どうしても自らの行いを振り返らざるを得ません。こうした過去の出来事から教訓をくみ取ることは、今後の在日の生き方にとっても重要なことなのではないでしょうか。日本人に差別意識があると言っても、在日の側にも日本社会とのあつれきを生むような行動を取る風潮があったということは、記憶しておくべきではないでしょうか。

「被害者だ」「差別されている」という意識で、ひとたび権利を拡大する運動を始めてしまえば、そもそもなぜ差別が生まれているのかを、客観的に振り返ることは難しくなってしまいます。しかし、主張の目的が「何が何でも自分たちの意見を通す」ということではなく、「日本の社会でより良く生きていけるようにする」ということであれば、差別の底流にある原因を客観的に見つめていくことも重要ではないでしょうか。「差別されるにはそれなりの理由がある」とまで言ってしまえば、あまりに乱暴ですが、戦前戦中の日本の行いをあげつらうだけではなく、在日自身の過去の行いと、それが日本の社会でどのように受け止められたのかについては、考察する必要があると言えるでしょう。

たとえば、在日の権利運動の象徴の一つとなっているものに、指紋押捺拒否運動がありました。

一九五五年に始まった指紋押捺制度は、外国人登録証の更新の際に指紋の押捺を義務付けるものでしたが、対象者のほとんどは在日でした。日本人と同じように日本で生まれ育ったのにもかかわらず、指紋を取られるのは差別だとして、一九八〇年代には指紋を押すのを拒否する運動が広がり、一九九二年の法改正でこの制度は廃止されるに至っています。運動の背景には、「指紋を取ることで在日を一方的に犯罪者扱いしている」という認識がありました。しかし、ではそもそもなぜ指紋押捺が始まったかを考えると、違った側面も見えてきます。終戦直後は不法入国が後を絶たず、不法入国による検挙数が、正規入国を上回っていた時期もあったほどでした。[7]対馬には外国人登録証の偽造工場があったという証言まであるほどです。[8]特に、時代は朝鮮戦争の時期にあり、難民の他に、工作員の流入という懸念があった中で、入国管理を厳しくしたのは、日本側から見れば当然のことと言えます。首都大学東京の鄭大均教授は、次のように論じています。

この指紋押捺制度については、外国人に対する人権無視であるとか「耐えられないほどの屈辱」などという批判があったが、実際のところはというと、在日に対する制度的差別が撤廃された八〇年代以降に、「プロ市民」と一部在日たちによって編みだされた新しいタイプの人権運動であり、日本いじめ的な性格をもつ運動でもあった。そもそも一九五五年に指紋押捺制度が採用されたのは、朝鮮人による外国人登録証明書の不正受給や偽造変造が頻発し、密航者のための登録証偽造や、実在しない人間の登録証を役所に作らせてそれを売ったり、そうした幽霊人口によって得た配給食糧をヤミ市場に流すなどという不正が横行したからである。(9)

ここで再び浮かび上がってくるテーマは、自分たちの権利拡大だけではなく、自分たちが暮らす日本の社会の立場というものも考慮に入れて考える必要があるということです。日本ではよく、「加害の歴史」ということが言われて、日本が戦時中に行ったとされる様々な悪い行いを振り返るべきだと言われます。しかし、公平に見るのであれば、在日にしてもそれは同じです。在日が本当に差別の問題を乗り越えて、この日本で暮らしていくことを望むのであれば、自身に不都合な歴史からも目を背けるべきではないということが言えるのではないでしょうか。

ここまで、「強制連行された」という在日の自虐史観が問題であることについて、論じてきました。「被害者」という意識をいつまでも引きずることは、日本の社会の一員として生きていく上での障害になるという意味で、在日の一人ひとりにとってもよくありません。「強制連行」という言い方で、まるで祖先が救いようのない弱者だったかのようなイメージを持つのを止め、日本で身を立てた彼らの努力を、素直に称えるということが重要なのではないでしょうか。そのことが、一人ひとりが自尊心を持ち、この社会に自らの立場から貢献していくことにつながると信じています。

日本では「多文化共生社会」が大事だと言われ、「日本人は国際化が足りない」だとか、「異文化理解が足りない」といった話も聞かれます。それは正しい面もあるのですが、一方で、受け入れる日本人だけが努力すべきという議論になってしまえば、それは片手落ちです。どのようなバックグラウンドを持った人にとっても暮らしやすいような社会を創るためには、日本人だけではなく、外国から日本に住もうとしている人々にも、努力できることがあるのです。特に、戦前からの歴史を持つ在日にとっては、「被害者、加害者」という枠組みに、いつまでもとらわれるのではなく、この日本をより良い社会にするためにその一員として努力するという姿勢が、求められているのではないでしょうか。そうした努力によってこそ、歴史的な歩み寄りも可能になるのではないかと思います。

3　韓国人の自虐史観
「千年経っても被害者と加害者」

次に韓国の問題を見ていきます。まずは現在の韓国が置かれている状況を概観してみましょう。韓国もまた「私たちは被害者、日本は加害者」という頑固な歴史観にとらわれたままになっています。こちらは、こうした視点にこだわり過ぎていて、もはや自殺行為に手を染めているに等しい現状です。

朴槿恵大統領が、就任以来、反日を前面に推し出した外交を続けてきたことは、よく知られています。朴氏は、二〇一三年三月一日に行われた「三・一独立運動記念式典」で、「被害者、加害者という立場は、千年の時が流れても変わらない」と言い放つほど、日本を敵視する姿勢を見せてきました。

朴政権が特に顕著ですが、これまでにも韓国は慰安婦問題で日本に対して無理筋の主張を繰り返し、謝罪や賠償を求めてきました。日本大使館の前では、「元慰安婦」を称する高齢の女性が参加して、毎週、日本の姿勢を糾弾するデモも行っています。確かに、高齢になる「元慰安婦」の「ハルモニ（おばあちゃん）」の証言は胸を痛めるものがあります。しかし、国家間の問題として、ここで注意しなければいけないのは、この問題は日本が国家として謝罪や賠償を行うべき性質のものなのかどうかということです。

最近では、慰安婦問題というものは国際的な女性の人権問題であって、公権力による直接の強制があったかどうかは関係がないという議論も聞かれます。しかし、当初、この問題は、「日本の軍や警察が朝鮮半島から女性を連行して慰安婦にした」という証言が出てきたために、問題となったものです。ところが、直接的な強制を示す証拠が見つからなかったために、問題を追及していた側が、「女性の人権」というテーマに論点をすり替えていったのです。ですから、そもそもの原点に立ち戻って、「日本の軍や警察による強制連行があったのかどうか」という点を問題にしなければ、議論が拡散して解決しなくなってしまいます。

もし日本の官憲が組織的に女性を拉致して、日本軍の兵士の慰安婦としたのであれば、政府にも責任があるでしょう。しかし、これまでに、日本側が直接的に女性を拉致して連行したという証拠は、政府がいくら調査をしても見つかっていないのです。勤め先での彼女らの顧客は確かに軍人だったでしょう。しかし、慰安婦の募集などは民間業者が行っており、日本側が組織的に拉致などに加担していたわけではないのです。逆に日本の警察は、軍を装って女性を拉致しようとする悪質な業者が軍の信用を貶めていることに手を焼き、彼らを取り締まっていたことが当時の新聞に出てきます。「軍人として拉致に加担した」と証言した人物もいましたが、この吉田清治という人の『私の戦争犯罪』という本は、内容が虚偽だったことが分かっています。発刊当時から積極的にこの内容を報じてきた朝日新聞も、二〇一四年に正式に誤りを認めています。

もっとも、日本は一九九三年の「河野談話」で慰安婦の強制的な動員に関与したことを認めたという言われ方もします。「慰安婦強制連行」の根拠として、必ずと言っていいほど登場するのは、この「河野談話」です。しかし、談話の発表の前に政府は慰安婦の強制連行を示す資料を調査しましたが、結局、何も見つからなかったのです。この談話が出されたのは、当時の政府が、日韓関係の前進のためには謝罪が必要だと考えたからであり、韓国側とも内容のすり合わせを行った形跡があります。この談話をもって、慰安婦の強制連行に日本の軍や警察が加担したとは言えないのです。

慰安婦になった女性たちには、貧しい家の出身も多く、貧困の中で身売りをしなければならなかった不幸な境遇にあったことは事実でしょう。そのことには、心を痛めざるを得ません。しかし、「かわいそうだ」という理由だけで、日本政府が法的に責任を負うことは、残念ながらできないのです。日本の軍や警察が、慰安婦の強制連行を行っていたとは言えない以上、政府としてできることとしては、不遇な運命にあった女性たちに、お見舞いの気持ちを込めて支援を贈るといったことが限度です。そして日本側は実際に、「女性のためのアジア平和国民基金」などを通じて、これまでにもそうした事業を行ってきました。

二〇一五年の年末に、安倍政権が韓国政府と結んだ合意も同様です。ただし、安倍政権が表明した「おわびと反省の気持ち」が、「日本政府が慰安婦強制連行を認めた」という証拠として悪用されないよう、注意が要ります。

こうした点を棚に上げたままで、「かわいそうな女性たちを、日本政府は救済すべきだ」と、どこまでも無理筋の主張を展開していては、トータルな目で見て、韓国自身のためにもなりません。なぜなら、韓国は現在でも北朝鮮と正式には戦争状態であり、この脅威から国を守るためには、日本やアメリカと緊密な関係を築いて協力していく必要があるからです。「日本叩き」を推し進めれば推し進めるほど、日本との関係は疎遠になり、また同時に日韓の友好関係を願っているアメリカとの間にも波風が立ちます。「日本は悪人国家だ」と言い続ければ、同じく日本に敵意を向けている北朝鮮とは仲良くなれるかもしれません。その結果、南北統一というゴールが実現する可能性は高まるかもしれません。しかし、戦後、「漢江の奇跡」と呼ばれる経済発展を成し遂げ、活動家らの長い闘いの末に民主化にも成功した韓国は、自由主義や民主主義といった価値観を捨て去ってまで、独裁体制のもとに国民を奴隷状態に置く隣国と一緒になって、果たしてそれでいいのでしょうか。それによって、韓国の国民は、また朝鮮民族は、本当に幸福になれるのでしょうか。そうした疑問を抱かざるを得ません。

そして、もうすでに、北朝鮮にシンパシーを抱く勢力が、韓国国内での影響力を強めているようです。ソウルの日本大使館前で毎週水曜日のデモを続けている、「韓国挺身隊問題対策協議会」は、元慰安婦の聞き取り調査を行うなど、この問題に取り組んできた先駆け的な団体として知られています。しかし、同協議会は北朝鮮の工作機関との連携が指摘されており、問題を建設的に解決しようとするよりは、反日世論を煽ろうとしています。韓国では、「日本による慰安婦の強制連行」という筋書きに少しでも疑問を唱えようとする識者は、「元慰安婦」の前で土下座させられたり、名誉棄損で訴えられたりといった状況です。こうした状況が続き、韓国がいつまでも慰安婦問題にこだわるのなら、一番喜んでいるのは、ひょっとして北朝鮮なのかもしれません。

また二〇一二年の大統領選では、北朝鮮と協調する「従北派」と呼ばれる人たちとの連立を約束した野党候補が、四八％もの得票を集めました。「北朝鮮のシンパと連携する」と公言してもこれだけの票が集まるのですから、韓国国民の北朝鮮の脅威に対する認識が、どれだけ希薄になっているかが伺えます。これを踏まえて、ひょっとすると民主的な韓国政府が崩壊する方が、北朝鮮の崩壊よりも早いのではないかと懸念する専門家もいます。韓国が「反日」を止めなければ北朝鮮に飲み込まれるかもしれないというタイムリミットが、もうそこまで近づいているのかもしれません。(10)

「ケリーさん、〝独島〟を守って」

慰安婦問題にあまりに固執する朴大統領の姿勢については、アメリカでも問題視されています。最近ではようやく安倍晋三首相との首脳会談に応じるなど、外交姿勢に変化も見られるものの、朴政権はここまで、日韓関係に関係のない国に訪問したときも、日本に謝罪を求める発言をするなど、常識はずれの「告げ口外交」を展開してきました。

しかし、朴大統領のあまりの執着の仕方に、同盟国として韓国の安全のカギを握っているアメリカでも、「韓国疲れ」の症状が表れているという報道が二〇一五年ごろから出てくるようになりました。産経新聞ワシントン駐在客員特派員の古森義久氏は、次のように報告しています。

まず今年前半から、米国政府内外の日本や韓国など東アジア政策関係者が日本での「韓国疲れ」を指摘するようになった。その筆頭は、ブッシュ前政権の国家安全保障会議でアジア部長などを務めたビクター・チャ氏である。チャ氏は、「日本では官民ともに『韓国疲れ』が広がり、韓国に対してはもう何をしても意味がないと諦めつつある」と指摘した。チャ氏は韓国系米人だが、韓国の日本叩きを婉曲に批判する発言だった。

その他、同じブッシュ前政権の国家安全保障会議で日本部長だったマイケル・グリーン氏や、国務副長官を務めたリチャード・アーミテージ氏も、「日本では、韓国からの非難にもううんざりしている」といった表現で、日本で「韓国疲れ」が見られることに同意を示していた。

オバマ政権も全体として韓国の対日姿勢には満足していないという態度を明らかにしつつある。今年1月に韓国を訪問したウェンディ・シャーマン国務次官は、2月末のワシントンでの演説で、日韓両国間での歴史問題をめぐる摩擦について日本側を非難せず、韓国側の民族感情の高まりなどを批判した。

シャーマン次官は「韓国の歴史問題への執着は米国にとって不満である。（日韓関係を）麻痺させるだけで、前進を生むことがない」とまで公開の場で発言した。まさに「米国の韓国疲れ」と呼ぶにふさわしい言葉だった。(11)

これまでアメリカでは、日本の方が、歴史問題の解決に真剣に取り組んでおらず、周辺国を刺激するような言動を行っているという意見が強くありました。二〇一三年十二月に安倍首相が靖国神社に参拝した際には、アメリカ政府が「失望した」という声明を出して、注目を集めました。しかし、朴政権があまりに慰安婦問題と日本叩きを外交の前面に押し出したために、アメリカ側ももう参ってしまったということなのです。

前述のとおり、韓国が北朝鮮の脅威と向き合うためには、アメリカや日本との関係を強固なものにすべきなのは言うまでもないことです。ところが、「反日」というイデオロギーがバランス感覚を失わせてしまっています。その結果、韓国は、自国の安全保障を損なう道を自ら突き進んでいます。しかも、これまでの歴史観の延長で考えている限り、そうしたことに気付くことさえ難しい状況です。

「反日」と外交のバランス感覚という論点では、もう一つ、例があります。韓国が「独島」と呼ぶ、竹島の問題です。韓国では竹島の〝防衛〟が国民的な行事となっており、竹島を守ることがいかに大事かということを、子供にまで教えるイベントなどが開かれています。危惧されているのは、日本が竹島奪還作戦に乗り出して、攻めてくるのではないかというシナリオです。一般の日本人からすれば、竹島奪還のために韓国と一戦を交えるのは荒唐無稽とも思えるでしょうが、韓国ではメディアも大真面目にこうした問題を考えます。

二〇一五年五月に、安倍首相はワシントンを訪問し、島嶼防衛の強化などを目指した日米ガイドラインの改定について、アメリカ側と合意しました。日米関係の強化によって韓国は喜ぶかと思いきや、同国の受け止め方は違いました。韓国国会は、安倍首相がアメリカ議会での演説で、慰安婦問題を謝罪しなかったことを糾弾する決議を、満場一致で採択。さらには、日米ガイドライン改定で「独島防衛」が脅かされるのではないかと心配する議論まで飛び出したのです。なぜ日本の首相が他の国に行ってまで韓国に謝らなければいけないのか、その自己中心的な発想にはあきれるほかありません。韓国紙・中央日報は、ガイドライン改定について、次のように報じています。

何よりも日米が一体のように軍事的結合の強度を高めた状況で韓日間の軍事的紛争が広がる場合、危険な状況が展開する恐れもある。ヤン・ウク韓国国防安保フォーラム専任研究委員は「自衛隊の韓国派兵は、韓国が同意しない場合は容易ではない」としながらも「極端な仮定だが、万が一独島（ドクト、日本名：竹島）をめぐって韓日間が軍事的に対立する場合、新たなガイドラインによれば米国は日本を助けることになっている」と指摘した。韓米相互防衛条約とも衝突する余地があるのだ。(12)

もしも、竹島をめぐって日韓が紛争に突入した場合に、米軍は韓国を助けてくれないのではないかという危惧がよく表れています。日本としては、北朝鮮や中国の脅威に備える必要がある中で、アメリカの静止も振り切って、韓国と事を構えることは想像しがたいことですが、韓国ではこうした〝妄想〟が事あるごとに議論されます。

もっと驚くのは、ジョン・ケリー米国務長官が二〇一四年二月に訪韓した際の記者会見で飛び出した質問でした。会見の後半で、ソウル新聞の記者が「尖閣諸島は日米安保条約の適用範囲内とのことですが、〝独島〟は米韓防衛条約に含まれるのですか」と質問したのです。もし日本が竹島奪還作戦に乗り出した時に、アメリカは韓国を助けに来るのかと、米国務長官の記者会見で

堂々と記者が尋ねているのです。(13)

韓国がこうした議論を続け、日本への警戒感ばかりを露わにし続けるのならば、日韓が建設的な関係を築くのは難しいでしょう。そもそも竹島は、日本が第二次世界大戦後に武装解除されている最中に、李承晩大統領が一方的に防衛ラインを引いて、占拠してしまったものです。この島をまるで「聖地」であるかのようにあがめ、北朝鮮の脅威よりも日本による竹島奪還作戦を恐れているようなら、韓国は国を守るためのトータルな視点やバランス感覚を失っていると言わざるを得ないでしょう。

朴政権は、中国がアメリカ主導の国際金融に反対しようと立ち上げた「アジアインフラ投資銀行（ＡＩＩＢ）」への参加を表明するなど、日本との距離を取る分だけ、中国に接近していっているようです。しかし、中朝関係は北朝鮮が金正恩氏の治世になってから以前よりぎくしゃくしているとはいえ、中国は北朝鮮の歴史的なスポンサーであり、アメリカに対する防波堤として、同国を温存しています。中国にすり寄るのは、半島が共産圏に飲み込まれるのを許して、韓国が戦後に築いてきた民主主義を失う道だと言えます。南北統一が悲願であることは確かですが、それは自国民を飢えさせながら核ミサイル開発にいそしむ北朝鮮の独裁政権を崩壊させてから達成すべきものです。その順序を間違えて、反日をテコに中国や北朝鮮と共同戦線を張るようでは、民族そのものの不幸を招来しかねません。

「売国奴」探しは国を分断する

ここでも、在日の例と同様に、韓国が克服すべきなのは強烈な自虐史観だと言えます。尋常でない「日本叩き」外交の原動力となっているのは、「私たちは日本に一方的に侵略された被害者だ」という自己認識です。そして、韓国は、それによって国をまとめようとしています。その意識があまりに強烈なために、当時の日本の統治を少しでも評価するような意見を表明する人には、「親日派」というレッテルが貼られます。大学教授や本を書くような人であれば、職を追われたり、名誉棄損で訴えられたり、韓国内に住めなくなるような人もいます。「親日派」という言葉自体は、日本との関係を大切にする人たちのことを指しますが、韓国ではこれが「売国奴」とほとんど同じ意味なのです。盧武鉉大統領の時代に、日本の統治時代を生きた「親日派」やその子孫の財産を没収できるという法律をつくってしまったほどです。当時、日本の統治に協力したとされる人々は、みんな「売国奴」扱いです。

しかし、国を挙げて親日派の糾弾をすれば、最後はどうなるでしょうか。日本でも戦時中は「売国奴」や「国賊」という言葉が、戦争に協力的でない人々へのレッテル貼りに使われ、言論の自由が制限された世の中を創り出しました。韓国での「親日派」という言葉も、これと似た不自由な構図を生み出しています。つまり、国内に「親日派」という敵をつくり、国民を分断してしまうのです。これでは、いくら国をまとめようとしても、まとまりようがありません。たとえば、「日本の統治は良かった」と言った高齢者が、撲殺されるという次のような事件まで起きています。

二〇一三年五月、ソウルの鍾路にある有名な公園で、三十八歳の男が九十五歳の老人を殴り殺す事件がありました。老人が「日本の植民地支配は、よかった」と話し、それを聞いた男が激怒したのです。犯人は老人を蹴り倒し、杖を奪って頭を集中的に殴り、結局は殺してしまいました。酒に酔っていたとはいえ、物事の判別ができないほどでもなかったし、被害者や遺族にこれといって謝罪の意も示していないそうです。懲役五年（二〇一三年九月十二日、世界日報）。

この記事を紹介したポータルサイトのコメント欄には、「日帝植民地を擁護するのは国家保安法違反じゃないの？」「日帝賛美は内乱罪だ」「これ（殺人）こそ愛国の表現ではないか」という意見が多くのユーザー推薦を受けていました。(14)

この犯人は、日本は朝鮮半島で凶悪な支配を行ったと教わり、それを純粋に信じていたのかもしれません。しかし、他の人が違う意見を言ったからといって、殺しまでする必要はありません。「親日派かどうか」をリトマス試験紙にして世論を分断してしまえば、こうした悲しい事件まで起きてしまうということです。歴史に対する見方を、もう一度、検証する必要があると言えます。

ここでも重要なのは、歴史上の出来事には百％の善も、百％の悪もないという、歴史を見る上での出発点です。「日本は朝鮮半島を一方的に侵略して植民地にした」という言い方をすれば、まるで非の打ちどころの何もない朝鮮に、悪魔のような日本の帝国主義者たちが入ってきて、蹂躙したというイメージが湧きます。しかし、実際の歴史というのは、そこまで簡単に善と悪とで割り切れる問題ではないのです。

朝鮮を助けた日本人に感謝を

ここで検討すべき点は二つです。まず、「朝鮮は侵略された」と言えば、侵略された朝鮮の側には、何も原因がなかったかのように聞こえます。しかし、侵略を受けないほど強い国を国民が努力してつくり、外交戦略をきちんと立てていれば、侵略されることはありません。「日本は侵略国家だ」

と言い募るのならば、「なぜ朝鮮は日本の侵略を防げなかったのか」という点も、考えなければなりません。そしてもう一つは、日本による統治は完全な悪だったのかという点です。日本による朝鮮統治は、「残虐な」という言葉が枕詞のように使われますが、完全な悪と言い切れるものでなかったことは、ハッキリしています。「被害者」「加害者」というレッテルを貼る前に、こうした点も考慮に入れて、歴史を見ていく必要があるのではないでしょうか。

まず、一九一〇年の韓国併合について、韓国では日本による勝手な侵略だという見方が一般的になっています。しかし、歴史を振り返る上で、事実として目を向ける必要があることは、当時の朝鮮は、もはや国としての体をなしていなかったということです。日本が明治維新を成し遂げた一九世紀後半、李王朝が治めていた朝鮮半島では、官職の売買によって、人口の半数が貴族の両班となり、農民の生活は、王族や貴族の放蕩をまかなうための重い年貢の取り立てによって困窮を極めていました。宮廷の放蕩によって、国力は停滞していたのです。しかし、時あたかも、列強による帝国主義が幅を利かしていた時代。アジア各国は、近代化を急がなければ、列強による植民地支配に甘んじざるを得なくなるという、弱肉強食の世界に直面していたのです。

外国勢力から開国を迫られるにつれて、日本でも国のあり方をめぐる議論が紛糾しましたが、朝鮮でも似たような状況が起きました。周囲に開国を求める異国船がうろつくにつれて、宗主国だった清との属領関係を強化し、攘夷運動によって事態を乗り越えようとする守旧派や、日本の明治維新型の近代化を目指そうとする開化派などが、国の行方をめぐって勢力争いを繰り広げたのです。しかし、これまで国益や公益よりも、一族の利益を優先して、権力闘争を延々と繰り返してきた李王朝の体質は変わりませんでした。李王朝は独立や近代化を目指すよりも、自分たちに敵対する政敵の排除のために、清や日本、ロシアといった外国に次々と援助を求めます。国内の敵を倒すために、外国に援助を求めて、結局は国としての外交の主体性を失っていってしまったのです。近代化を自ら実現できなかった朝鮮は、列強が相次いで介入する「草刈り場」と化すことになったのです。

自力による近代化の試みにことごとく失敗していった朝鮮は、最終的には、日本との合邦を選ぶほかに道はなかったと言えるでしょう。日本との合邦は日本に無理やり押し付けられたものだという意見もありますが、当時の朝鮮では、日本との合邦を主張する「一進会」という団体が存在し、公称百万人とも言われる最大の政治団体になっていました。韓国の世論からも一定の後押しがあって、日韓の合同は実現したわけです。これを「一方的な日本の侵略だ」と言うことは、公平な見方なのでしょうか。

「国は内側から滅びる」とよく言われますが、これはまさに朝鮮にも当てはまりました。しかし、こうした点は、「日本が侵略してきた」という一面的な見方をしていては、いつまでも見えてきません。そして、「被害者」としての見方にとらわれている限り、韓国は「李氏朝鮮はなぜ滅びたのか」という教訓を、歴史から学ぶ機会を永遠に失ったままになってしまうのです。「日本が加害者だ」と言えば、謝罪や賠償を引き出せる望みはあるのかもしれませんが、それでは自国の次なる発展のためにはならないのだと言えます。

ここで重要なのは、日韓は一つの国になったのであって、朝鮮が〝欧米的な意味〟での日本の植民地になったわけではないということです。植民地支配の〝本場〟である欧米の国々は、現地人を人間扱いしないほどの搾取を横行させましたが、それに比べれば、日本は極めて穏当な統治を行い、朝鮮の近代化に貢献したと言えます。日本は李朝の王室を残して、日本の皇族とも姻戚関係を結ばせるなど、厚くもてなしました。〝植民地〟を支配していた王室に対して、これだけの配慮を見せる〝宗主国〟は、他にあったでしょうか。また、日本は土地調査から始まった農業改革や学校建設、インフラ投資など、朝鮮の発展につながる投資を行っています。日露戦争に勝利して、名実ともに列強の仲間入りをしたとはいえ、日本の財政にとって、朝鮮への持ち出しは大きな負担だったはずです。しかし、それでも、日本は朝鮮への投資を惜しみませんでした。

日本はどれだけの投資を行ったのでしょうか。日本が統治していた時代の朝鮮の経済発展について、拓殖大学の呉善花教授の著書から、統計を引用します。

朝鮮統治では、最後まで投資過剰の赤字経営が続けられた。朝鮮総督府の統計年報（各年度版）によれば、朝鮮の財政赤字は総額一七億六六五七万円（一九一一～四一年）で、赤字分は本国からの交付金（年間約一二〇〇万円）・借入金・公債でまかなわれた。また貿易収支では総額六億四七〇〇万円（一九一〇～三九年）の赤字である。一九〇〇年前後以降、日本から投入された資本は総額で八〇億ドルにのぼった。

こうして北部には大規模な工業地帯が築かれ、南部では資本主義的な商業が大きく発達し、米産は飛躍的な伸長を遂げた。開墾・干拓・灌漑などの大規模な土地改良、鉄道・道路・架橋・航路・港湾等の交通設備や電信・電話等の通信設備の敷設、近代工場や大規模水力発電所の建設などが全土に渡って展開された。

植林が毎年行われ、一九二二年までに植林された苗木は総計約一〇億本にのぼった。併合当時に米の生産高は年一〇〇〇万石だったが、一九三二年には一七〇〇万石、四〇年には二二〇〇万石超と大幅に増産された。

工業生産額は一九二七～三三年に三億円台、三五年に六億円台超、四〇年に一八億円台超。工業成長率は一九一四～二七年に年平均五・三パーセント、二八～四〇年には年平均一二・四パーセントと急速な成長を続けた。一九三一年には軽工業が工業生産額の六二％、重化学工業（化学、金属、機械）が二五・六パーセントだったが、三九年には重化学工業が逆転している。

一人当たりGDPも生活物資の消費量も飛躍的に増大し、一九二〇～三〇年代のGDPは年間平均四パーセントほど上昇した（当時の世界の諸国では高くで二パーセント程度の成長率だった）。

特筆すべきは人口が増えたことである。併合時の朝鮮半島の人口は一三一三万石（一九一〇年）だったが、併合後には最終的に二五一二万石（一九四四年）と二倍近くにまで増加している。それほど経済力が成長したのである。(15)

韓国では、日本が植民地支配を通じて、半島から収奪の限りを尽くしたかのように言われています。しかし、こうした数字が裏付けるように、単純な収奪史観が誤りであることは明らかです。日本からの投資を元手に、朝鮮の経済は大きく飛躍したと言えるでしょう。また、日本は朝鮮に義務教育を導入し、「漢字ハングル混じり文」を広めて、教育の普及にも貢献。併合当初は六％

ほどだった識字率は、一九四三年に二十二％にまで上昇しています。植民地を農産物などの一次産品の産出元とし、現地住民を酷使した欧米と日本の統治との間には、雲泥の差があることが分かります。

こうした事実は、日本が朝鮮を単なる「植民地」とは見なしていなかったことを如実に物語ります。あくまでも日本は韓国を、自国の領土の一部として扱ったということです。そうであるからこそ、日本は自腹を切ってまで、朝鮮の近代化につながる投資を惜しげもなく行ったということです。一方で、統治の後半には、学校での日本語教育の強制や、神社への参拝の奨励といった政策が行われたことから、これを「文化の抹殺」と批判する意見もあります。しかし、考える必要があるのは、戦時下にあって、日本側としては、朝鮮を日本に同化させる必要があったという事情です。むしろ、氏の創設と改名を認めた「創氏改名」や、志願兵の募集に希望者が殺到したことを考えれば、当時は多くの朝鮮人が、日本の一員として、戦争の勝利のために協力していたことが分かります。

他国に支配されることは、民族にとっての忘れがたい傷であることは確かです。しかし、朝鮮半島が日本の統治によって発展という恩恵を手にしたことや、朝鮮の発展のために真摯に取り組んだ日本人もいたことは、無視できないでしょう。こうした点を考えれば、「日本に搾取された」

という言い方が、行き過ぎであることが分かります。

さらにマクロの目で見れば、帝国主義の時代にあって、日韓合邦がなければ、朝鮮半島はロシアの統治下に置かれただろうということは、容易に想像がつきます。ロシアでは共産革命を受けて、一九二二年にソ連が発足しますが、もし半島がソ連領になっていたとしたら、戦前の段階で半島全域がすでに現在の北朝鮮のような状態になっていたのではないでしょうか。前述のとおり、当時の朝鮮は自力では独立を維持することができない状況に陥っていました。いずれにせよ外国の支配を受けざるを得なかったとするなら、半島を統治したのが日本だったということは、朝鮮にとっても幸運なことだったと言えるでしょう。もっとも、北朝鮮を「北の楽園」だと思うのであれば、話はまったく別ですが。

戦後韓国の歴史観では、「日帝三十六年間の支配」が、まるで暗黒時代のように言われます。しかし、日本の行ったことがすべて悪だったかといえば、決してそういうわけではありません。それでは、韓国の側に立ってみれば、一体どのような歴史観を持つことが「自虐史観」の払拭につながるのでしょうか。ここでも重要なのは、歴史は、どちらかが絶対の善で、どちらかが絶対の悪ではないということ。そして、それぞれの国や民族には、それぞれの祖先を誇りに思う権利があるということです。

ここまで見てきた通り、日本は莫大な投資を通じて、朝鮮の経済と社会の発展を助けたと言うことができます。しかし、お金を投じるだけで、何かが生まれるわけではありません。日本の投資を受けて、少しでもいい暮らしをしていこうと朝鮮を発展させていったのは、他でもない半島で暮らしていた朝鮮人自身だったのです。近代化の途を模索し、独自にはそれを叶えられなかった朝鮮人の祖先は、日本の助けを借りて努力し、近代化を実現していったのだと言えます。

そして、「日本の協力を受けて、朝鮮が近代化を果たしていった」という時代の流れは、戦後も続いています。日本は終戦時に半島にあった六〇億ドルもの資産をそのまま残し、この請求権も最終的には放棄しました。本当は権利があったものですが、結果的に半島への置き土産となったのです。また、一九六五年の日韓国交正常化の際に、日本は無償で三億ドル、有償で二億ドル、民間借款で三億ドルを韓国に供与しました。朴正熙政権はこれをインフラ投資などにあてて、「漢江の奇跡」と呼ばれる急速な経済成長が実現したことは、よく知られています。日本人と韓国人が協力し合って、半島の開発を目指すという筋書きが、戦前から戦後までを貫いて続いていたと、マクロ的に見ることも可能ではないでしょうか。

ここで現代の韓国にとって必要なのは、朝鮮の発展と近代化に尽くした祖先の努力に感謝しながら、協力してくれた日本の役割についても見直し、評価するというバランスの取れた姿勢だと思います。当時の朝鮮に生き、より良い暮らしを求めて努力した祖先を「親日派」と言って罵ったり、朝鮮の発展に力を貸してくれた日本人に対して「侵略者だ」「賠償しろ」と言い募ったり、日本に侵略された自分たちを「被害者」と蔑んだりする必要は、まったくありません。「親日派」探しは、際限のない国民の分断を生みます。そもそも、「親日派」とそうではない人との境界線は、どこにあるのでしょうか。日本の統治にどのようなかたちであれ協力した人々を「親日派」として糾弾するのであれば、当時、社会のためを思って、真面目に働いていた人々も「親日派」であり、「売国奴」なのでしょうか。祖先の中から敵を見つけて糾弾することに、何の意味があるのでしょうか。「被害者、加害者」という見方にとらわれることなく、歴史をありのままに見ることが、現代に生きる韓国人が健全な自尊心を持って、日本ともアメリカとも協力し、建設的な国際関係を育むために必要とされているのだと思います。そうであってこそ、真の日韓の融和も成し遂げられることになるでしょう。

4　日本人の自虐史観「アジアを侵略した悪人の国」

最後に日本の自虐史観の問題について考えてみたいと思います。ここまでは、在日も韓国人も「自虐史観」にとらわれており、そのことが自分たちを生きにくくしたり、国を滅ぼしかねない問題になっていることを見てきました。自虐史観が国を滅ぼしかねないという意味では、日本も同様と言えます。

私は、先の戦争について反省を重ねることそのものは、重要なことだと思います。政治の結果は、より多くの人々を幸福にできたかどうかによって問われます。先の大戦では、無謀な戦いによって戦地では多くの兵士の命が奪われ、米軍の空襲によって国土は焦土と化し、多くの人命が奪われました。そのことをとらえれば、なぜ負け戦に突き進んでしまったのか、戦争を回避するためにどのような外交政策を取るべきだったのか、戦争を途中で講和に持ち込む可能性はなかったのかといった点について、検証を重ねることは、これからの日本のかじ取りにとっても非常に重要なことです。こうした課題についての反省は、怠るべきではないでしょう。

しかし、こうした建設的な反省はぜひともするべきですが、「日本は加害者だった」という見方に凝り固まって、国民が自責の念にとらわれるだけであれば、生産的ではないのではないでしょうか。日本では「八月ジャーナリズム」と呼ばれるように、終戦の日が近づく八月には、テレビにも新聞にも、「戦争の悲惨さ」を後世に伝えようという企画があふれます。ここで気をつけなければいけないのは、確かに戦争の悲惨な記憶を次の世代へと伝えていくことは大事なのですが、それが戦争への情緒的な嫌悪感を植え付けるだけでは問題があるということです。この国では、「不戦の誓い」ということがよく言われます。自らが侵略を企てることをしないという誓いなら、それは立派な願いであり、全世界に広めるべきだと思います。しかし、いくら自分たちが不戦を誓おうとも、戦争は相手が仕掛けてくる場合もあるということを、忘れるわけにはいきません。そして、常日頃、国際社会では他国を陥れてでも自国の国益を確保しようというパワーゲームが行われており、その延長として戦争が起きることもあるのですから、「不戦の誓い」がこうした現実を忘れさせ、ただ単に「戦争は怖い」という感情論を植え付けるだけなら、問題があると言えるのではないでしょうか。

日本は中国やロシア、北朝鮮、アメリカといった核武装国に囲まれています。とりわけ中国は、核兵器に加えてサイバー戦争や、宇宙戦争の分野でも開発に余念がなく、世界をまたにかける海軍を目指して海洋進出にも励み、アメリカとの覇権競争は激しくなっていきそうです。日本は戦後これまで、日米同盟を基軸とした国際体制の中で、平和を守ってきました。しかし、常にこうした厳しい国際環境に囲まれており、国を守れなくなるリスクと隣合わせにあるという事実を、絶えず認識しておく必要があると言えるでしょう。憲法九条の維持を絶対のものとして訴える人々は特に、先の大戦を振り返る試みを通じて、「不戦の誓い」のみならず「武器をなくせば戦争はこない」という哲学をいまだに訴えています。しかし、先の戦争の反省が「丸腰でいること」につながってしまうのであれば、今度は日本が滅びるという新たな不幸を招きかねない考え方だと言えます。

ここでも、日本にとって重要なのは、「被害者、加害者」という歴史の見方を乗り越えることです。まずは、「日本はアジアを侵略した悪人の国だ」という捉え方があります。日本の国全体が先の戦争を通じてアジアに多大な「加害」を行ったという歴史観です。しかし、これまでにも強調したように、片方が全面的な善で、もう一方が全面的な悪であるというような、単純な歴史は存在せず、見方によってさまざまな解釈が存在します。前章でも触れたように、日本が先の戦争を戦った結果、欧米の植民地となってきたアジアの国々は、戦後に次々と独立を果たすことができました。欧米の植民地勢力を一時的にでも放逐し、現地の人々に希望と戦い方を教え、独立の一助となったということは、先人たちの功績として誇りに思うべきでしょう。

一方で、日本の自虐史観にはもう一つの側面が存在します。それは当時、戦争を遂行した指導者や軍人らは無謀な戦争へと日本を扇動した加害者であり、被害者は空爆などで命を落とした国民だという見方です。自虐史観の克服のためには、こうした見方についても、再検証を加える必要があります。

国民がまったくの「被害者」であると仮定すれば、歴史の流れとしては、先の戦争は世論の支持が何もないままに、政治家や軍部が勝手に暴走して始め、国民を犬死させたというストーリーができあがります。しかし、それは必ずしも真実とは言えません。アメリカとの初戦となった真珠湾奇襲攻撃に大成功した際に、新聞は大喜びし、日の丸を振ってお祝いをする人々が街頭にあふれました。提灯行列が出たのは、シンガポール陥落の際も同様です。もっとさかのぼれば、日中戦争で一九三七年に南京が陥落したニュースも、国民は祝賀ムードで迎えました。もし国民がまったく何も悪くない「被害者」なのだとすれば、こうした光景をどのように説明すればいいのでしょうか。もちろん、戦時中には新聞にも書けないことがありましたし、戦争賛成のコマーシャリズムに走った面もあったでしょう。戦況が悪化するにつれて、軍部は都合の悪い情報にフィルターをかけるようになり、公にはしないようにしていました。しかし、こうしたことをもって、「国民はただ何も知らされないまま、扇動的な政府と軍部によって、盲目的に戦争に賛成させられた」と言うのなら、それは言い過ぎではないでしょうか。日本があれだけの大規模な戦争に突き進んだからには、国民の側にもそれを支持する一定の世論があったのです。国民がまったくの「被害者」で、当時の軍部や政府がまったくの「加害者」とする見方は、先の戦争を見る眼を曇らせることにならないでしょうか。

お互いを称えあい、共生する時代へ

ここで私が提唱したいのは、過去の歴史的事実を細かく一つひとつ拾って検証することではありません。むしろ、私が提唱したいのは、「誰が被害者で、誰が加害者か」と分類することをやめて、先の戦争を「国民全体で戦った戦争」として受け止めようということです。そうしなければ、日本人が祖先に対して健全な自尊心を持ち、なおかつ未来への適切な教訓を歴史から読み取っていくことはできないのです。軍部や政府は確かに、先の戦争を指導した責任があります。しかし、彼らもまた国民の一人ひとりであり、先の戦争は日本という国全体が進んでいった戦争だったのです。そこに、「被害者、加害者」というレッテルを持ちこめば、先ほどの韓国の例と同じように国民を分断するだけになります。

ここでも鍵になるのは、先の大戦での日本の戦いが、結果としてアジアの植民地の解放につながったという事実を、国民みんなで認め、戦ってくださった軍人の霊に、心からの感謝を捧げるということです。帝国主義がまかり通っていた当時、アジア・アフリカを奴隷のように扱い、蹂躙した欧米の植民地支配を覆し得る国は、日本をおいて他にありませんでした。「白人優位」が信じられていた世界のあり方に一石を投じた日本の戦いは、世界史的な偉業であり、このことを祖先の功績として大切に心にとどめるということが、現代を生きる我々にとって重要なのではないでしょうか。そして、それによってこそ、日本人は戦後これまで続いてきた自虐史観を払拭し、国の独立を維持するための健全な安全保障政策を持てるようになるのではないかと思います。

ここまで、在日、韓国人、日本人のそれぞれの自虐史観について、議論を進めてきました。「被害者、加害者」という色眼鏡から歴史を見ることをやめて、良いことも悪いこともくみ取って教訓にしていくこと。そして、それぞれに自らの祖先がなした努力や功績を認め、彼らに感謝すること。それが歴史を見る上で、大切な原則です。「被害者、加害者」という図式で、国際関係をとらえようとすれば、行き着く先は、片方がもう片方を糾弾し、ひざまずかせ、隷従させることにしかなりません。こうした「サド・マゾ」の歴史観からは、卒業する必要があるのです。

そうすることによって初めて、在日も韓国人も日本人も、ともにお互いの祖先やそれぞれのたどってきた道を称えあい、仲良く共存できる未来が来るのだと信じています。そしていずれは、各国が、自国の未来のために一命を賭した「愛国者」を顕彰することをそれぞれ尊重し合い、日本や、韓国、アメリカ、アジアの国々のリーダーが、靖国神社に一堂に会する日が来ることを、私は心から願っています。そしてその日こそが、本当の意味で「戦後」が終わる日なのでしょう。

私は、在日韓国人という、特殊な境遇でこの世に生を享けました。血をさかのぼれば韓国にルーツがありますが、この日本という素晴らしい国に生まれることができたことは、本当に幸運なことでした。私は、海を渡って日本の地で身を立てるべく努力された在日の祖先、朝鮮半島の近代化のために身を尽くした朝鮮人の祖先、そして、アジアの解放のために命を懸けて戦われた日本人の祖先、そのそれぞれの功績を称え、感謝したいと思います。そして自分が、それぞれの歴史を受け継ぐ立場で生まれたことを、誇りに思います。私はこれから、日本という国の一員として、この国の発展と民主主義の絶えざる向上のために、ささやかながら力を尽くしたいと思います。

※ 本章は、アパ日本再興財団主催「第八回 真の近現代史観懸賞論文」において佳作を受賞した、著者の論文「在日、韓国、日本 自らの身を滅ぼす自虐史観という共通項～ある在日が、帰化を決心したわけ～」の文体を改め、加筆したものです。

（1）私は二〇歳の時に、母とともに生家を追い出されたため、基本的に父親との交流は、それ以降、無い。私は事実上、「絶縁された」と認識しており、父親やその親戚と会うことは、今後も一切、無いものと思われる。
（2）産経新聞 二〇〇〇年九月二一日 朝刊 三面
（3）毎日新聞 一九八八年五月十二日 朝刊 二六面、『韓国・朝鮮と日本人』若槻泰雄（原書房）一三〇～一三二ページ
（4）衆議院議員 高市早苗ウェブサイト 「『在日朝鮮人の渡来および引揚げに関する経緯、とくに戦時中の徴用労務者について』という外務省資料」 二〇一〇年四月二日、二〇一六年六月一六日閲覧
https://www.sanae.gr.jp/column_details415.html
（5）『権逸 回顧録』 権逸（育英出版社） 一〇六ページ
（6）『台湾人と日本精神』 蔡焜燦（小学館文庫） 一三五～一三六ページ

（7）『数字が語る　在日韓国・朝鮮人の歴史』　森田芳夫（明石書店）　八七ページ

（8）『在日韓国朝鮮人に問う』　佐藤勝巳（亜紀書房）

（9）『姜尚中を批判する』　鄭大均（飛鳥新社）　一一〇ページ

（10）産経新聞ウェブサイト「西岡力教授『朝鮮半島は南北で体制の危機を迎えている』『従北派が浸透する韓国…』」　二〇一五年三月三〇日、二〇一六年六月一六日閲覧
http://www.sankei.com/west/news/150330/wst1503300002-n1.html
zakzak「韓国が北より先に体制崩壊も…反日・反米の〝従北派〟が伸長中　西岡力氏分析」　二〇一五年三月二〇日、二〇一六年六月一六日閲覧
http://www.zakzak.co.jp/society/foreign/news/20150320/frn1503201830004-n1.htm

（11）古森義久「米国もとうとう『韓国にはうんざり』」　JBPress　二〇一五年六月一七日、二〇一六年六月一六日閲覧
http://jbpress.ismedia.jp/articles/-/44050

（12）中央日報「日米の新同盟時代、韓国にどんな影響及ぼすか」　二〇一五年四月二八日、二〇一六年六月一六日閲覧
http://japanese.joins.com/article/648/199648.html

（13）米国務省ウェブサイト「Remarks With Republic of Korea Foreign Minister Yun Byung-se」　二〇一四年二月一三日、二〇一六年六月一六日閲覧
http://www.state.gov/secretary/remarks/2014/02/221640.htm

（14）『韓国人による恥韓論』　シンシアリー（扶桑社新書）　一七四ページ

(15)『韓国併合への道　完全版』　呉善花（文春新書）　二三三〜二三四ページ

〔参考図書〕（右記以外の主なもの）

・『ほんとうは、「日韓併合」が韓国を救った！』　松木國俊（WAC）
・『慰安婦と戦場の性』　秦郁彦（新潮選書）
・『在日・強制連行の神話』　鄭大均（文春新書）
・『在日韓国人の終焉』　鄭大均（文春新書）
・『朝鮮人強制連行』　外村大（岩波新書）
・『在日朝鮮人　歴史と現在』　水野直樹、文京洙（岩波新書）
・『大韓民国の物語』　李榮薫（文藝春秋）
・『日本の「朝鮮統治」を検証する』　ジョージ・アキタ、ブランドン・パーマー（草思社）
・『北朝鮮帰国事業』　菊池嘉晃（中公新書）
・『虚言と虚飾の国・韓国』　呉善花（WAC）
・『韓国は日本人がつくった』　黄文雄（徳間文庫）
・『親日派のための弁明』　金完燮（草思社）

第三章　「日本国民になる」とは、どういう意味か

——国を守ることと民主主義

1　みんなで国を守ることが民主主義の出発点

二〇一五年六月、東京都千代田区、靖国神社。日本に帰化するために必要な書類について説明を受ける、第一回の「国籍相談」（帰化申請の前段階）を終えた私は、東京法務局の近くにあるこの神社の鳥居を、生まれて初めてくぐりました。梅雨の到来を控え、白い雲が沸き立つ中に青空が見えました。厳かな参道を踏みしめ、拝殿の前で手を合わせた私は、この国を守ってこられた神々や英霊たちに、心からの感謝を捧げました。

神社に参拝すること自体は、日本に生まれた私にとって、特別なことというわけではありません。以前に多摩川の近くに住んでいた時は、川沿いに建つ浅間神社が朝の散歩コースに入っていて、お参りするのがささやかな日課になっていたものでした。冬の雲ひとつない日、行き来する東急線や建物の先にそびえる、白い雪を頂いた富士の霊峰は、とても凛として清々しく見えたものでした。日本の象徴といえるこの山は、どれほどの長きにわたって、この国の文明の移り変わりを見守ってきたのでしょうか。そうした、感慨に打たれたものです。

どの神社であっても、神様をお祀りする神聖な場であることには変わりはありません。しかし、靖国神社に参拝することは、とりわけ特別な意味合いをもっています。それは、この国を守るために命を懸けられた方々が「英霊」として、祀られている神社だからです。私には、帰化を経て日本人の一員となる上で、靖国神社への参拝が、ぜひとも必要なことのように思えました。なぜなら、日本人になるということは、もしもこの国に万が一のことがあった場合には、武器を取って戦わなければならないこともあり得るという意味だからです。それを考えれば、この国を守ってこられた神々や祖先に、感謝を捧げることは、その出発点だと思われました。

「英霊に感謝を捧げる」と言うと、戦後の日本においては右翼や軍国主義と一緒にされてしまうのかもしれません。しかし、この国を守ることの責任は、いったい誰が負っているのでしょうか。この国の国民の命や、幸福な暮らしを守っていくことの責任は、誰が負っているのでしょうか。たとえば、アメリカ人やフランス人や、インド人といった外国の人に任せれば、日本のことを守ってくれるのでしょうか。そうではないはずです。この国を守ることの責任を負っているのは、最終的には、他ならぬ日本人、一人ひとりなのです。「自分の国は自分で守る」という責任を、国民の一人ひとりが自覚していることが、国にとって、とても大事な原則なのです。

このことは、突飛な思想ではなくて、実は民主主義の基礎にもなる考え方です。二〇一五年の夏には、国会で審議された安全保障関連法案に反対する学生たちが、街頭に出て「民主主義ってなんだ！」と叫び声をあげましたが、では、民主主義とは何なのでしょう。民主主義とは、平たく言えば、国民みずからが政治についての意思決定を行っていくという、社会の仕組みのことです。しかし、一つひとつの法律案について、国民がそのたびに考えているわけにはいかないので、国民の代表として議員を国会に送り込んで、議論してもらうことになっています。

それでは、この国の民主主義が考えるべき、最も重要なテーマとは、いったい何でしょうか。国の政治の重要な問題は様々に議論されています。ある人は、社会保障をいかに維持するかだと言うかもしれません。経済成長が大事だという意見もあります。あるいは、他の国々と仲良くすることだと言う人もいるかもしれません。それぞれが、とても重要なテーマです。しかし、政治が考えなければならない最も重要なテーマを、あえて一つ挙げよと言われれば、私は安全保障政策、国防政策を挙げます。なぜなら、国の独立と安全を守ることが、日本がこれからも日本としてあり続けるための最低条件だからです。

いくら経済が繁栄したとしても、国が他国から攻撃されるかもしれないという脅威に脅かされる中で、幸福に暮らすことはできるでしょうか。日本は民主主義の国として、国民が議員を選び、彼らを自由に首にする権利を持っています。しかし、こうした政治システムが取れるのも、この国が外国から攻められないように、独立を維持することができているからです。社会保障も経済も、とても重要なテーマであることに違いはありません。しかし、この国の独立をいかに守っていくかということをいつも考えていなければ、そうしたテーマをいくら議論していても、仕方がありません。社会保障も経済も、この国がこの国としてあり続けてこそ、意味をもつものだからです。安全保障を考えることは、国民が幸福な生活を送っていくための、最低限のインフラなのです。

たとえば今日、私がいつものように目覚め、仕事をし、家に帰り、夕食を食べ、お風呂に入って、床に就くとします。こうした一日を送れることを、私たちは普段、当たり前のことだと思っています。しかし、私たちが今、何の身の危険の心配もせずに送れるのは、今日も自衛隊が同盟国であるアメリカの軍隊と協力して、きちんと日本の安全を守ってくれているからです。いつ泥棒が入るかもしれない家に、おちおち暮らせないように、他の国からいつ攻められるとも分からない国では、平穏に暮らせる保証はありません。私たちが平和な暮らしを送れるのは、今日も誰かがこの国を守ってくださっているおかげなのです。

日本では安全保障や軍隊の話をすればすぐに、右翼や軍国主義といったレッテルを貼られ、危ない考え方というふうに分類されかねません。実際にこういう話をするとすぐに、「軍靴の音が聞こえる」とか「いつか来た道」と、条件反射のようにおっしゃる方もいらっしゃいます。しかし、ここで私が言っているのは、世界征服に乗り出すような軍隊を持とうだとか、そういう話ではありません。私が言っているのは、国の独立を守ることが国民の幸福を守るための第一歩であり、そして独立を守っていけるくらいの武力は、最低でも持っておくべきだというお話です。そして、国民自らが、自分たちの身を守ることを考えることは、実は民主主義の発展と大きな関わりがあるのです。

たとえば、アメリカでは合衆国憲法の修正第二条で、市民が銃を持つ権利を認めています。日本では憲法を変えることは、「改正」と言って、条文を変更することを指しますが、アメリカでは条文を足していく方法を取ります。オリジナルの合衆国憲法は全七条からなる短いものですが、それに付け足しでこれまでに二十七条の修正条項が追加されてきました。特に、基本的人権について定めた修正第一条から第十条までは、「権利章典」(Bill of Rights)と呼ばれます。基本的人権を定めた「権利章典」の中で、第一条の表現の自由の次に出てくるのが、この、銃を保持する権利なのです。

銃社会のアメリカでは、年に一万人以上が銃犯罪によって命を落としています。銃を持つことが法律で厳しく禁じられていて、銃器など滅多にお目にかかることのない日本人にとっては、アメリカ人がなぜこれほど銃を持つことにこだわるのか、理解することは難しいでしょう。なぜ銃規制が進まないのかといぶかしがる声が、よく聞かれます。しかしその理由は、銃を保持する権利が憲法で保障された基本的人権だからなのです。

では、なぜ銃を保持することが国民の権利なのでしょうか。合衆国憲法修正第二条は、自衛組織としての民兵(militia)を組織するためだとしています。アメリカはイギリスの入植者らが建てた国ですが、入植する際には警察も誰もいないわけですから、自分の身は自分で守る必要がありました。また、イギリスとの独立戦争の際には、民兵たちが自分たちで武装してイギリスの圧政と戦いました。つまり、警察などに頼る以前に、自分の身は自分で武装して守ることが、市民の当然の権利としてまず存在するということです。そして、そうした市民が集まった国家についても、国民が協力して自衛することになるわけです。

ここで言いたいのは、「日本もアメリカを見習って、銃を解禁しよう」だとか、そういう話ではありません。むしろ、民主主義というものが、防衛の責任を国民一人ひとりが負うことと、隣り合わせの考え方であるということです。国のために命を懸けて戦った人々が、政治に参加する権利を主張し、それを獲得していくという流れが、世界史の様々な場面で見られました。古代ギリシャのアテネでも、紀元前四八〇年のサラミスの海戦に下層市民らが参加したことで、戦後、彼らの政治的な発言権が増し、より平等な民主主義の発展につながりました。

こうした点を考えていくと、「自分の国は自分たちで守る」という原則が、民主主義の出発点であるように思えてきます。国を守るために命を懸けるということは、国に対して国民がし得る最大の貢献であるわけです。ですから、そうした義務を負っている国民が、国の将来について、あるいは運命について、自分たちのこととして真剣に話し合う。それが、民主主義にとって重要なことなのだと言えます。

バラマキ政治の原因は憲法九条⁉

そしてこのことは、現在の日本国憲法が抱えている根本的な問題を浮き彫りにします。憲法九条を素直に読めば、日本は侵略戦争のみならず、身を守るために武器を取ることさえも放棄して、まったく武装しないように定めているかのようです。これによって、憲法九条のままで、この国は守れるのだろうかという議論が、憲法改正の最大の焦点になっています。しかし、憲法九条の問題の本質は、国防の問題よりも、この条文が日本の民主主義のあり方そのものをねじ曲げてしまっていることにあるのではないかと思います。現行憲法はそもそも、日本人自らが国を守るということを条文の上で想定していないわけです。しかし、「自分たちには国の独立を守り、舵取りしていく責任があるのだ」という意識を国民が失った時に、民主主義は堕落の道を歩んでいくことになります。なぜなら、自分たちが国や社会に対してなすべきことを考えずに、ただ国や社会から何を得られるかばかりを考えるようになってしまうからです。権利と義務という天秤があるとすれば、国が国であるために国民が負うべき義務が抜けていて、権利ばかりに傾いてしまうからです。

国民が義務を負わない政治というのは、いわゆる「パンとサーカス」以外にあり得ないのではないでしょうか。かつて一九八四年に、匿名の学者グループが、日本が経済的な繁栄に酔いしれる中で、大切な価値観を失い、衰退していくことを危惧して『日本の自殺』というセンセーショナルなタイトルの論考をまとめたことがありました。その中では、次のように述べられています。

戦後の日本では、あらゆる機会に「権利」、「権利」ということが声高に叫ばれながら、人間や集団が自己の権利を主張するための基本前提となるべき義務と責任の重要性については、強調されることがあまりなかった。その結果、権利という言葉は身勝手や利己主義と同義語となり、やがて無責任や他人の権利侵害の口実にさえ広く悪用されるに至ったのである。

注意しなければならないことは、疑似民主主義にとっては、義務も責任もどうでもよいということである。できるだけ権利、権利と主張し、取れるだけのものは取り、しかも義務と責任は拒絶する。その結果、企業や国が困れば、それはむしろ「体制」が弱ることだから歓迎すべきことである。つまり、この場合、権利の一面的強調は、疑似民主主義のいわゆる「体制」を弱めるための戦術となっているのである。(1)

私は、「自分の国は自分で守る」という原則を忘れてしまった結果、日本が身勝手な民主主義の国になることを懸念しています。確かに、戦時中のように「すべてはお国のために」と強制されるような世の中は、好ましいものではありません。その結果、戦後の日本で、なるべく国民の自由と人権を大切にしようという風潮と、軍国主義を戒めるような思想が広まったことは理解できます。しかし、その「戦争の教訓」も極端なところまでくれば、今度は国を守るために最低限の軍事力を持とうということさえ拒否することにつながりかねません。それはそれで、亡国の道でしょう。また、軍事に関するものはすべて悪いものだという立場が強すぎて、「自分の国は自分で守るものだ」という考え方を国民が忘れ去ってしまえば、より良い民主主義を実現していくことも、できなくなるのではないでしょうか。

日本では「国を守ろう」という意見に対してさえ、「戦時中の独裁につながりかねない」というレッテルが貼られがちです。しかし私は、「自分の国は自分で守る」という原則を否定することこそが、むしろ独裁への道なのではないかと恐れています。国民が国を守る責任を忘れ、「この国を当事者としていかに守り発展させていくか」という視点を忘れたら、どういう社会が実現するでしょう。それは、国民が、自らの権利や利益を国や社会から得ることばかりを考える、国や社会から何かをもらうことばかりを考える社会ではないでしょうか。それを、政治の世界では「バラマキ政策」と言うのではありませんか。

国民が口を開けて待っているところに、政治家が飴玉を放り込んでいく。もらって満足した国民は、その政治家を信用する——。こういう例えが、思い浮かびます。まるで国民を馬鹿にしているかのようですが、日本の政治はもうこれに近い状態なのではないかと、悩んでしまうことがあります。二〇〇九年には民主党が「子ども手当」のバラマキを公約して選挙に勝ちましたが、選挙はすでに、各党がどれだけばら撒けるかを競うオークションと化しています。そして、民主主義にとって最も肝心な国防のテーマは、どの政党も「票にならない」と言って、争点にしたがりません。かと思えば、消費税率の引き上げは民主・自民・公明の「三党合意」とやらで、あっさり決められてしまい、二大政党が〝つるんだ〟以上、国民には選挙で減税という選択肢を選ぶことすらできません。かつて中国共産党の毛沢東は、国民に番号のついたシャツを着せて本気で「国民総背番号制」をやろうとしましたが、気づけば日本でも、マイナンバーとやらで、国民の資産が国に監視されてしまうような状況が迫っています。

「バラマキ」はよくないと、新聞もテレビも、口を酸っぱくして批判します。しかし、それがなくならないのは、根本の問題が解決していないからではないでしょうか。そして、その根本の問題とは、国民の一人ひとりがこの国を守り、発展させていくための責任を負っているのだという原則を、忘れてしまっているということ。それならば、この国の民主主義のさらなる発展のためには、「自分の国は自分で守る」という原則に、立ち返ることから始めなければいけないのではないでしょうか。

国防は「意に反する苦役」か？

そのためには、これまでに培われた、国防に対する不健全な考え方を、一つひとつ払拭していく必要があります。「自分の国は自分で守る」という原則に国民が立ち返ることを妨げている考え方の間違いの一つは、「自衛隊が守ってくれる」という発想であり、もう一つは「米軍が守ってくれる」という発想です。これについて、考えてみたいと思います。

東日本大震災での救援活動以降、自衛隊に対する国民の好感度は高まりました。政府が自衛隊の印象について聞いた世論調査では、自衛隊について良い印象を持っていると答えた人の割合は、二〇〇九年の調査で八〇・九％だったものが、二〇一二年の調査では九一・七％に跳ね上がっています。(2) 被災地で懸命に救助活動にあたる自衛隊員の姿に、勇気づけられた国民も多かったのではないでしょうか。しかし、間違えてはいけないのは、まず、自衛隊員は災害救助隊ではないということです。自衛隊はあくまでも、外敵の侵入から国を守るための軍隊であるというのが、本来の位置付けです。震災のような災害の時には救援に駆けつけますが、それは第一の任務ではないのです。

それでは、国防の任務を負っている自衛隊は、「私たちを守ってくれる人」ということになるのでしょうか。実はここにも、微妙な考え方のズレがあります。確かに、自衛隊は侵略してくる悪い勢力からこの国を守るために存在しています。しかし、自衛隊は私たちの警護を頼む警備会社のような存在とは違います。なぜなら、自衛隊員も私たち国民の一員だからです。先ほどから、「自分の国は自分で守る」という原則についてお話していますが、まず本来なら国防の義務は、自衛隊員の前に、国民一人ひとりが負っています。その一人ひとりが負っている国防の義務を、国民を代表して自衛隊にお願いしているというのが本当なのです。私たちは国会議員について、「国民の代表」という言い方をします。それは、民主主義の社会では本来、国民一人ひとりが担わなければならない政治の責任を、国会議員に代行してもらっているからです。自衛隊もこれに似ています。本来なら国民の一人ひとりが担っている国防の責任を、国民の代表である自衛隊に代わりに担ってもらっているのです。ですから、自衛隊も国会議員と同様に、「国民の代表」

であるという見方ができると思うのです。

そして、こう考えなければ、国を守ることについて健全な考え方を持つことができないのです。安保法案の審議の際には、野党側から「徴兵制につながる」というセンセーショナルな批判が巻き起こり、政府・与党は対応に追われました。この時、政府は「徴兵制は憲法十八条が定める『意に反する苦役』にあたるため、違憲である」という答弁を行っています。徴兵制という不安を打ち消そうとした狙いは分かるのですが、この答弁には大きな問題が潜んでいます。それは、国防の任務を担う兵役というものを、「意に反する苦役」だとして、まるで拷問か何かのように扱ってしまったからです。

「軍隊というのは人殺し集団だ」と考えている人たちから見れば、徴兵というのは政府が罪のない国民を強制的に「人殺し」にさせることですから、苦役以外の何物でもないのかもしれません。しかし、もし政府答弁の通りに、兵役や徴兵が「意に反する苦役」なのだとしたら、その国防の役割を担っている自衛隊はどうなるのでしょうか。彼らは、「国民がやりたくない苦役を押し付けられている人々」という定義になるのでしょうか。これでは国を守る仕事を、国民を代表して担っている自衛隊が、まるで囚人か何かのようです。「徴兵制はあり得ない」と答えたいのであれば、「近代兵器を使う戦争においては、兵員には専門技術が要求されるため、徴兵制は考えられない」などと答弁することも可能だったはずです。しかし政府は、兵役を「意に反する苦役」としてしまいました。そこには、国を守ることを国民全体の責任としてとらえてこなかった戦後体制のエッセンスが、詰まっているかのようです。自衛隊は、災害救助隊でも、警備会社でも、「意に反する苦役」に従事する人々でもなく、私たち国民の代表です。そうした考えを持つことが、「自分の国は自分で守る」という原則を取り戻す上で、必要なことに思えます。

危うい「トモダチ」だのみ

また次に、「いざとなれば米軍が守ってくれる」という思い込みもあります。これも間違いです。その理由は、米軍が何のために存在しているのかを考えれば、一目瞭然です。米軍の第一のミッションは、アメリカ人の命とアメリカという国家の国益を守ることにあります。日本人が自分の命を自分で守ろうとしないにもかかわらず、アメリカ人が守ってくれるなどということはありません。もっとも、戦後の日本はアメリカと日米安保条約を結び、米軍が守ってくれる中で、経済成長にまい進しました。しかしこれは、アメリカにとってソ連との冷戦を戦うことが最重要の課題であって、そのためには日本と同盟を結んだ方が効果的だったから、そうしていただけのことです。日米同盟は私も続けていくべきだと考えていますが、同盟が永久に続くという保証はありません。自分の国は自分で守るという原則がまず大切で、それが前提にあってこその同盟なのです。

もし日本人が、「米軍が守ってくれるだろう」と考えて、自分たちの手で国を守るという姿勢をおろそかにしたら、どうなるでしょうか。その参考になる事例が、このほどイラクで起きました。イラクやその隣国のシリアでは「イスラム国」が領土を広げており、イラク軍は米軍の支援を受けながら「イスラム国」との戦いを続けています。そうした中で、二〇一五年五月にイラク西部の要衝ラマディが「イスラム国」の手に落ちたのですが、その際に、なんとイラク軍部隊が、武器を放置したまま、逃げ出してしまったのです。

これを問題と見たアメリカのアシュトン・カーター国防長官は、「イラク軍は戦う意思を見せなかった。数の面で敵をはるかに上回っていたが、戦わずして撤退した。過激派組織と戦うイラク軍の戦意に問題がある」と指摘。イラク軍の士気の低さを批判しました。

この発言はイラク政府からの反発を呼び、オバマ大統領も火消しに追われることになりました。しかし、カーター長官のこの正直な発言は、イラク軍とそれを助ける米軍との関係を考える上で、シンプルながら重要なポイントを示唆しています。それは、イラクが自国の領土を守ることに自らしっかりと責任を負わなければ、アメリカがいつまでも支援を行う義理はないということです。六月一日付の米ニューヨーク・タイムズ紙は、社説で次のように指摘しています。

カーター氏のありのままの評価は、アメリカがいつまでイラクに武器を供与して訓練し、ISISやISILとしても知られるスンニ派のムスリム組織であるイスラム国に関連する対象への爆弾投下を続けるべきなのかという問いを、改めて提起した。イラク人が自国を守り、犠牲を払うことに、十分な関心を向けないのなら、なぜアメリカが代わりにやらなければならないのかということだ。(3)

「イスラム国」との戦いをめぐっては、フランスのパリとアメリカのカリフォルニア州で起きたテロ事件をきっかけに、アメリカ国内でもオバマ大統領の戦略を転換すべしとの声が高まりました。「イスラム国」の掃討を目指すために、これまでの空爆を中心とした攻撃に加え、地上軍の派遣を検討するべきだと指摘する声もあります。しかし、アメリカがいくらやる気を出したところで、肝心の現地の人々に戦う意思が欠けていれば、支援も続きません。この例でいけば、本来ならイラク領土の防衛に責任を持っているのはイラク人自身であるはずで、アメリカが一方的にリスクを負って防衛を肩代わりする道理はないのです。

このことは、日本にとっても参考になります。日本はアメリカとの安保条約によって守られてきましたが、日本人自身に自分たちの領土や生命を守るという意思がなければ、アメリカとの協力も成り立ち得ないのです。それはそもそも、日本の防衛に第一の責任を負っているのは日本人自身だからです。アメリカとは今後も友好な関係を築いていきたいですし、東日本大震災の際に支援してくれた「トモダチ作戦」の恩も忘れるわけにはいきません。しかし、もし日本が何らかの国防の脅威に直面した際には、まず日本側が戦う意思を持って、武器を取らなければいけません。それもしないで、「アメリカさん、助けてください」と言えば、アメリカは自分勝手な〝トモダチ〟に愛想を尽かすことでしょう。アメリカに依存するばかりで、「自分の国は自分で守る」という責任を自ら負わないというのは、何より不健全な態度です。

これは個人的な友人関係に当てはめてもよく分かります。私たちは友達との間で、色んなことをシェアしたり、助け合ったり、持ちつ持たれつやっていくものです。消しゴムを忘れたら、借りることもあるかもしれません。学校の授業を休んだら、ノートをコピーさせてもらったりするかもしれません。しかし、友達の片方が、もう片方に完全に頼りっきりになったとしたら、友人関係は成り立つでしょうか。たとえば、仕事がなくなってしまった友達が、自分の家に転がり込んできたとします。当面の間は、友情がある手前、このかわいそうな友人を泊めてあげるかもしれません。しかし、この友人がいつまでも働く気もなく、家に居座ったとしたら、どうでしょうか。どんな温厚な人でも、いつかは堪忍袋の緒が切れることでしょう。人間と人間の関係は、お互いが自律心を持って独立している時に、もっともうまくいきます。国と国との同盟関係でも同じです。片方が片方に、完全に依存していてはいけないのです。

本来なら、自分の国は自分で守ることが原則です。しかし、自分の国を頑張って守ろうとしても、軍備が足りない、お金が足りない、地理的に不利だ、などといった様々な制約があって、十分な防備が築けないケースがあります。そうした場合に、仲間の国と協力して守り合うような体制を組むのが同盟のあるべき考え方ではないでしょうか。そうでなしに、他国に自分の国の安全保障を頼ってよいということなら、国民は自分たちの運命に自分で責任を持つということができなくなってしまいます。

かつてイタリアで『君主論』という有名な著作を著し、近代政治学の基礎をつくったニッコロ・マキャベリは、同書の中で「援軍」や「傭兵」をどう考えたらいいかについて述べています。その中には、次のような分析があります。

この種の軍備（援軍）は、それ自体としては、役に立ち秀れたものであるが、これを呼び入れた者には、ほとんどつねに害をもたらす。なぜならば、彼らが敗北すれば、自分も滅亡してしまうし、勝利すれば、自分は彼らの虜になってしまうから。

私の結論を述べるならば、自己の軍備を持たなければ、いかなる君主政体も安泰ではない。それどころか、逆境のさいに自信をもってこれを防衛する力量を持たない以上、すべては運命に委ねることになってしまう。そして賢明な人間の抱く見解にして金言はつねに同じであった。すなわち「自己の戦力に基礎を置かない権力の名声ほど不確かで不安定なものはない」。(4)

この引用した箇所で、マキャベリは援軍の危険性について、二つのことを述べています。まず、援軍が敗北してしまえば、自分も敗北してしまうため、援軍に頼れば自分の運命に責任が持てなくなってしまうということ。そして、援軍を呼んでたとえ勝利したとしても、その援軍の言いなりになってしまうということです。これらはまさしく、アメリカに防衛を依存してきた現代の日本に当てはまることではないでしょうか。自分の国の将来、運命に責任を持つ。そのためには、「自分の国は自分で守る」ということを、大原則としなければならないのです。

ここで私が言いたいのは、日米安保をただちに破棄して、自主防衛すべしというような性急な意見ではありません。政治の目的が、国民の幸福にあるとするならば、安定した国際関係は重要なことです。ただでさえ日本は中国や北朝鮮という軍事的な脅威と、長期的に向き合っていく必要があるのですから、アメリカとのパートナーシップは極めて重要な意味を持ちます。自分から敵を増やすような戦略は、正しいものとは思えません。しかし、だからといって、アメリカに依存し切りでいいわけではありません。望まれる道は、日本人自らが自国の防衛に責任を持つという心を取り戻し、アメリカとの協力で成り立っている防衛戦略の中から、日本自らができる部分を、広げていくことなのではないでしょうか。

国際情勢を見ても、日本が自立しなければならない時期は迫っています。もちろん中国や北朝鮮による脅威が迫っているというのも大きな理由ですが、同盟国アメリカの国内事情も大きな要因です。オバマ大統領が「世界の警察官ではない」と宣言するなど、アメリカは世界での指導的な役割から引いていこうとしています。そして、それはどうも、単にオバマ大統領個人に外交の知識がなく、国内問題にしか興味がないだけという理由だけでもなさそうなのです。二〇一六年の共和党の大統領候補となった実業家のドナルド・トランプ氏は、「日本のような裕福な国を、どうしてアメリカが一方的に守らなければいけないのだ」と発言しています。日米安保はアメリカが日本を守るというかたちになっていますが、これがフェアではないというのです。これまでもこうした意見は、主に「小さな政府」の考え方を重んじる人々から出されてきましたが、アメリカ政界のメインストリームにはなってきませんでした。しかし、今やこうした意見を唱えるトランプ氏が、共和党の公認争いを堂々と勝ち抜いてしまったのです。

ここで重要なのは、トランプ氏が大統領になろうともなるまいとも、こうした考え方を持つ人々がアメリカの世論に影響を与えていくということです。もしトランプ氏が大統領にならなかったとしても、こうした意見を持つ人々の存在は消えません。彼らは大統領が誰になろうとも、アメリカの政治で一定の発言力を持ち続けるでしょう。そうしたことを考えれば、日本を取り巻く脅威が高まっているという理由とは別に、アメリカの世論の変化の結果として、日本が自立すべき時が近づいているとも言えるのです。「自分の国は自分で守る」という原則を、日本人自らが取り戻す必要があります。そのためには、ここまで説明してきたように、「自衛隊が守ってくれる」「米軍が守ってくれる」という考え方から、「自分たちの手で国を守る」という考え方へと、意識を変えていく必要があるのです。

2 「政府や軍こそ戦争の原因」と言うマスコミが見落としていること

ここまでは、「自分の国は自分で守る」という考え方が、この国の民主主義にとって、いかに大切かという観点から、話を進めてきました。戦後これまで、アメリカに国防を頼ってきた日本は「自分の国を自分で守る」という原則を忘れ去ってしまっているわけですが、これもある意味で、当然かなという気もしなくもありません。なぜなら、戦後の日本人が大切に守ってきた日本国憲法は、日本人が自らの国の防衛に責任をもつということを想定していないからです。現在の憲法の理念を象徴している例としてよく挙げられる憲法九条は、戦争する権利と、武器を持つことを放棄すると定めています。条文は第二項で、「陸海空軍その他の戦力は、これを保持しない。

国の交戦権は、これを認めない」と述べていて、これを素直に読めば、日本はもし他の国が万が一、襲ってきた時でも、自衛戦争すらできないかのようです。また、前文でも、かの有名な「平和を愛する諸国民の公正と信義に信頼して、われらの安全と生存を保持しようと決意した」という文言があります。私は先ほどまで、「自分の国は自分で守る」ことが大切だと述べてきたわけですが、この憲法はその真逆を言っているのです。日本人が「安全と生存」を守るのは、「平和を愛する諸国民」を信頼してのことであって、「自分たちで自分たちの国を守る」わけではないのですから。

憲法とは、国の理念を掲げ、法律を定める際の基準となるものです。憲法に違反する法律はつくってはいけないというのが本来のルールですから、政治、社会、経済といったこの国のあり方のほとんどすべてが、憲法の影響を受けることになります。そのような重要な意味を持つ憲法という文書に、「日本の独立は他国任せ」という趣旨の内容が書いてあるのですから、素直に真っ白な目で見てみれば、驚き以外の何物でもありません。そして、こうした憲法を土台として防衛政策を考えてきた戦後これまでの蓄積の結果、日本は現在、国の安全を危なくするような発想が「国是」とされてしまっています。その「国是」について、ここからは考えていきます。

戦後の日本がいわゆる平和主義を掲げるようになった理由は、「先の大戦の反省」にあります。反省することそのものは、悪いことではありません。先の大戦によって多くの人々が犠牲になったことは確かであり、そうした惨禍を繰り返すことのないように、歴史から教訓を学びとることは、この国の政治と社会にとって必要なプロセスです。問題は、「反省」を強調しすぎることが、現代を生きる私たちにとっての新たな不幸を呼ばないかどうかということでしょう。特に、「戦争はそもそも悪いものなのだから、軍隊や武器は持たない方がいいし、その方が平和になる」という思想には注意が必要です。「武器よさらば」というのは、理想論としては確かに望ましいことなのですが、それを現実に当てはめて安全保障政策にそのまま反映しようとすることには、問題があります。なぜなら現代の世界では、まだ戦争は無くなっていませんし、現に軍備を拡張して他の国に脅威を与えるような国が、日本の周りにも存在しているからです。他国の主権を脅かす侵略戦争を自ら仕掛けることは慎まなければならないとしても、自衛のための軍隊を持ち、いかにこの国を守っていくべきかを考えることは、日本が生存と安全を守っていくために不可欠のことだと言えます。

しかし、「自衛のための軍隊は必要だ」という考え方が、国民の共通認識となっていないことが、この国の安全保障の議論が噛み合わない根本原因になっています。戦力の不保持を定めた憲法九条を今日まで維持しているため、この点についてコンセンサスが取れなくなっているのです。まずはこのことについて、二〇一五年夏に国会で審議が行われ、反対運動などもあって世論が紛糾した、安全保障関連法案の審議を通じて、考えてみましょう。

“違憲”なのは法案？　それとも自衛隊？

安保法案についての審議は同年六月に、国会に呼ばれた憲法学者が法案について「違憲だ」と指摘したことで、大きな論争に発展しました。勢いづいた野党やマスコミは一斉に「憲法違反の法案を、政府が通そうとしている」「立憲主義の破壊だ」と騒ぎ立て、「違憲」を叫ぶ憲法学者は一躍、スター扱いされました。憲法学者を巻き込んだこの論争は、日本の安全保障の議論の問題を端的に示していたように思います。国民の生命と幸福な生活を守るという意味から考えれば、はやり言葉になった「立憲主義」よりも、こちらの方が重要な問題かもしれません。それは、自衛隊の扱いについてです。

安保法案の審議では法案に憲法違反の疑いがついたことを受けて、マスコミ各社が憲法学者のアンケート調査を実施。数で見ると、憲法学者のほとんどが法案を違憲と考えていることが分かりました。しかし、ここで考えなければいけないのは、その理由です。「憲法学者は法案を違憲と考えている」と報道されているのを聞けば、多くの人は今回の法案が憲法違反なのだろうと思います。安保法案は、日本が自衛する権利の一環として、集団的自衛権の行使を認めようとするものでした。それに「違憲」という意見が出たわけですから、「集団的自衛権は憲法九条から外れているのだな」と、感想を持った人が多いことでしょう。しかし、少なからぬ憲法学者が、実は今回の法案がどうかという議論の以前に、そもそも自衛隊が憲法違反だと考えていたようなのです。

朝日新聞は六月下旬に行った世論調査で、憲法学者二〇九人に対するアンケートを行いました（回答数は一二二）。アンケートでは、安保法案についての考え方の他に、自衛隊そのものが憲法に照らして合憲か違憲かについても質問。その結果、自衛隊を「憲法違反」と答えた人は五〇人で、「憲法違反の可能性がある」は二十七人、合わせると六十三％（七十七人）にものぼったのです。(5)

集団的自衛権を議論するからには、そもそも日本には自衛する権利があり、そのために自衛隊を持っているという前提がなければ、話が噛み合うはずがありません。変なたとえですが、チャーハンが嫌いな人に向かって、「あんかけチャーハンは好きですか」といくら聞いても無駄なのと一緒です。あるいは、「豚肉が嫌いで食べられない」と言っている人に、「豚の角煮は好きですか」と聞いているようなものです。そのように、議論がおかしな構図になったまま、マスコミは「違憲の疑い」という報道を続け、結局のところ、「政府はわけの分からない議論をしている」という印象を国民は抱いたのではないでしょうか。

ここで疑問が浮かぶのは、マスコミの側はそうした議論のねじれについて知っていながら、あえてそのことを無視し、「違憲」という報道を繰り返したのではないかということです。たとえば、この世論調査について朝日新聞は、七月十一日付の紙面で報じ、調査の結果を報じた紙ベースの記事では、安保法案を違憲と答えた学者が一〇二人で、合憲派（二人）を凌駕したと伝えています。しかし、「日本報道検証機構」という団体によれば、憲法学者の六割が自衛隊そのものを違憲と答えたという結果は、ウェブ上で公開されたものの、紙の新聞には載りませんでした。朝日新聞の調査の時点で、自衛隊の合憲性について憲法学者にアンケートしたのは同紙だけだったということですから、「憲法学者の六割が『自衛隊は違憲』と回答」とでも伝えれば、スクープになったはずですが、それはしませんでした。

新聞社の立場としては、世間の注目が集まっているのは安保法案であって自衛隊ではないのだから、あくまで法案にテーマを絞った報道をすべきだという判断もあり得るのかもしれません。しかし、憲法学者の多数が、自衛隊が違憲だと思っているという事実は、法案の賛否を考える上で、主権者である国民にとって重要な情報だったはずではないでしょうか。新聞が「民主主義の担い手」なのだとすれば、政府と憲法学者の間で、なぜ議論がねじれているのかを、国民に対し

ても っと明瞭に説明することは可能だったはずです。

これは、朝日新聞以外の各社も同様です。もともと自衛隊が違憲ではないかという議論は、その前身の警察予備隊ができたころから根深く続いている議論です。マスコミ各社は、「安保法案は違憲だ」と言う憲法学者らの主張をそのまま流す前に、少し立ち止まって、「彼らがこぞって『違憲だ』と言うのは、そもそも自衛隊が憲法違反だと思っているからではないか」と疑ってみることは可能だったのではないでしょうか。そして、憲法学者が考えるように、今回の法案が違憲だと本当に思うのならば、そもそも自衛隊が合憲か違憲かにさかのぼって議論をする責任があったのではないでしょうか。そうした努力を怠り、反対派の集会を「市民の声」として大々的に取り上げたり、その映像を繰り返し流したりしていたとするなら、その報道姿勢には悪質なものがあったと言わざるを得ません。

ちなみに、反対派の集会にしても、テレビは「一般市民が反対の声を上げている」というニュアンスで伝えていましたが、背後では組織的な動員があったことが疑われます。テレビの映像は、デモ隊の様子を流す際に、参加している団体の旗が映らないような角度になっているものがほとんどでしたが、一部、例外もありました。例えば、七月十四日のテレビ朝日「報道ステーション」では、反対派の集会に駆けつけた人々のレポートの映像の中で、文字が確認できたものだけで、労組八団体の旗がはためいていました。しかし、キャスターはこれに触れることはなく、コメンテーターも「多くの若者、学者、そして普通のサラリーマンの方々、主婦の方々、多くの方々が街へ出てですね、自分たちの思いを声にして出していらっしゃる」と発言していました。どのような集会にしても、つてを頼るなどして組織的に声をかけて動員しなければ、成り立たないものであることは分かります。ですから、色々な団体が集まって声を上げていたということについては、自然なことだと思います。しかし、彼らの声を「一般市民の声」と曖昧なかたちにして伝え続けたことについては、正直さに欠けるところがあったと言えるのではないでしょうか。

本題に戻ります。実はそもそも、憲法九条は今回の安保法案をめぐる議論の焦点ではなかったのです。それでは、問題の本質は何だったのでしょうか。その答えは、自衛隊がなぜ存在しているのか、その根拠を考えると、浮かび上がってきます。

確かに、戦力の不保持をうたう憲法九条を素直に読めば、軍隊を持ってはいけないと書いてあるため、自衛隊は一見すると憲法違反のようにも見えます。しかし、本章で繰り返し議論してきたように、「自分の国は自分で守る」というのは、国にとっての大原則です。それぞれの国は、自分の国を守る権利を当たり前のものとして持っているのであり、憲法の条文がどうあれ、その当たり前の権利を阻害することはできないのです。そうでなければ、「憲法を忠実に守るために、我が国は武器を持たなかったため、外国に攻められて国は亡び、国民は皆殺しになってしまいました」という本末転倒の事態だって起きかねません。ですから、確かに憲法は「戦力の不保持」を定めているのですが、国は国として自衛の権利を当然のものとして持っているので、「自衛のための必要最小限度の実力」ならば、持ってもいいだろうという考え方が出てきているのです。それが、現在の憲法と一見矛盾するにもかかわらず、自衛隊が存在している理由なのです。

今回の法案のテーマは、自衛隊を含めて日本が自衛権を持っていることを前提とした上で、その自衛権の一環として集団的自衛権が認められるのかどうかというものでした。「最小限度」なら自衛する権利が認められるならば、その「最小限度」はどこまでなのかを次に見極めることになります。その線引きがどこかは、日本を取り巻く安全保障の状況を見て、柔軟に判断していく必要があります。なぜなら、時の政府の都合でコロコロと変えることは許されないとしても、国民を守るためにどの程度の防衛力が必要なのかは、時代とともに変化していくからです。今回は、国際情勢に照らして、集団的自衛権が日本の防衛にとって必要と判断されるため、政府はそのための法案を提出したということなのです。

ですから、ここで憲法九条を持ってきて、それに照らして違憲かどうかを議論するのは、実は筋違いなのです。もし憲法九条を軸に議論をしたいのであれば、本来なら自衛隊が憲法に合うものなのかにまでさかのぼって議論する必要があります。本当に法案が違憲だと思うのならば、自衛隊の違憲性を問うて、本気で〝ちゃぶ台返し〟をしてみればよかったのです。しかし、「法案反対」を掲げるメディアは、この本質の議論から逃げ、「法案は違憲」と喧伝しては、「政府が危険なことをしている」というイメージばかりを植え付けていたように見えました。さすがに、「この国に自衛の権利はない」と主張するところまでは、勇気がなかったのかもしれません。

今回の審議では、政府がこれまでの憲法解釈を変えることを大々的に取り上げて、政府が「先の大戦の反省」という「戦後の出発点」をないがしろにしているという報道ばかりが目立ちました。しかし、安保法案をめぐる議論は、本来なら、「国民の安全を守るためにどの程度の防衛力が必要なのか」という筋で行われるべきものでした。そうであるなら、マスコミの仕事は、憲法学者の声ばかりを代弁することではなく、国際政治や軍事の専門家の話を積極的に聞きに行って、日本に必要な防衛力について建設的な提案をして議論を深めることではなかったのでしょうか。この点については、非常に残念でなりません。

安全保障の議論は、まず、「国を守ることは当たり前の権利だ」という共通認識から出発する必要があります。その上で、「どのようにして、この国を守るべきか」という論点について、議論すべきなのです。そうでなければ、今回の安保法案での違憲騒動で見たように、まったくかみ合わない議論に貴重な時間を空費していくことになります。そして、「自分の国は自分で守る」という原則をないがしろにしている上に、こうしたややこしい議論を生んでしまっている憲法九条については、改正が必要だと言えるでしょう。

そもそも、個別的か集団的かにかかわらず、自衛の権利が違憲か合憲かを議論していることが、本来ならばおかしいということを知る必要があると言えます。自衛権を禁じる憲法が、そもそも不自然ですし、自衛権を認めるかどうかの法律を通さなければいけないというのは、海外から見れば不思議な議論に見えます。アジア太平洋の安全保障専門誌「ザ・ディプロマット」への寄稿で、ある欧米の学者は安保法案について次のように述べ、議論のおかしさについて論じています。

これらの改革の最も驚くべき点は、そもそもこれらが法制化されなければいけないことである。政治的な方針にかかわらず、他の国は、敵に爆撃されて戦闘が始まるのを、兵士や水兵、パイロットが待つ必要はない。（中略）

外から見ている者からすれば、議論はシュールに見える。法案の合憲性について意見を述べるために、学者が連れてこられる。しかし、憲法を読み、戦車や戦闘機、駆逐艦、潜水艦を持つ自衛隊を見れば、憲法九条がすでに六十年前に骨抜きになり、憲法史のゴミ箱に移されていると、誰もが分かる。提出された法案を違憲だと批判するのは、とっくに死んでいる死体を撃ったとして、ガンマンを起訴するようなものである。行為自体は反対すべきものかもしれないが、殺人ではない。(6)

この学者は、すでに形骸化している憲法九条を持ち出して議論することについて、「死体を撃ったとしてガンマンを起訴するようなもの」と、手厳しく批判しています。そもそも自衛隊の存在が認められた段階で、「戦力の不保持」を定めている憲法九条は形だけの存在になっているのです。そして、そうでなければ、国民の生命を守るという、国として最優先すべきことができなくなってしまうのです。まずは、自衛のために最小限の武器を持っておくことは、国としての当たり前の権利だという認識を国民の一人ひとりが持つ必要があるでしょう。そうした共通認識から議論を始めることが、この国の安全保障の考え方を健全なものにしていく上で、大切なことだと思います。

戦争は外からもやって来る

今回の安保法案の議論では、「先の大戦の反省」をベースに戦後の日本が継承してきた、安全保障についてのもう一つの問題も浮かび上がってきました。それは、「誰が戦争を起こすのか」「なぜ戦争は起きるのか」という問題です。一般に、先の大戦をめぐっては、「軍部や政府が暴走して、侵略戦争に突き進んだ」と言われます。そのパラダイムで考えるならば、「戦争というものは、軍や政府が勝手に起こすものだ」という考え方になります。

実際に、安保法案についての報道では、そうした観点からの議論が散見されました。「独裁に走る政府が立憲主義を破壊し、世界の紛争に国民を巻き込もうとしている」という議論です。たとえば、二〇一五年六月九日のテレビ朝日「報道ステーション」では、コメンテーターを務める朝日新聞の幹部が次のように述べていました。

まず世界中の紛争に政府の裁量次第で、もっともっと関われるようにしようという政権の狙いがまずあって、それに憲法の解釈を合うように勝手に変えましょうと、そういう話だと思うんですよね。

このコメントによれば、世界の紛争に関われるようにという政権の狙いが「まず」あって、憲法解釈の変更が行われているということです。ここで無視されてしまっているのは、安全保障というのは相手があってこその話だという点です。「国際社会がこうなっている。だから、わが国はこうする必要がある」といって、考えていく必要があるものです。確かに、法案を提出した政府の側の説明には分かりにくいところもありましたが、政権の狙いが「まず」あって安全保障政策を立てているという言い方をお茶の間に伝えるのは、レッテル貼りが過ぎるのではないでしょうか。

もう一つの例を挙げましょう。六月に国会に呼んだ憲法学者三人が安保法案を「違憲」と証言したことについて、自民党の高村正彦・副総裁は後日、「自衛の措置が何かを考え抜く責任があるのは政治家だ」と発言しました。これに対して噛みついたのは、TBS「ニュース23」のキャスターでした。六月十一日の放送では、高村氏の発言を「傲慢な姿勢」と酷評した上で、憤りを込めて次のように述べています。

先の大戦で間違った戦争へ国民を引きずり込んだのは誰なんだと。軍部と政治家ですよ。その反省に立って、戦後の立憲主義っていうのは、憲法が権力と政治家を縛るという、この基本を忘れてもらっては困る。そう思いますね。

ここでも、「戦争を起こすのは政府や軍だ」という認識が明確に表れています。そして、政府や軍の暴走を食い止めるために、憲法が存在するのだという議論をしています。言ってみれば、「政府や自衛隊こそが戦争を起こす元凶なのだから、これを封じ込めなければならない」という考え方、「政府・自衛隊　性悪説」だと言えます。

紹介した二つの例に見られるように、戦後の日本では、「先の大戦」を食い止められなかったという反省から、「政府や軍の暴走こそが戦争を起こすのだ」という議論が繰り返されてきました。現行憲法でも前文に、「政府の行為によつて再び戦争の惨禍が起ることのないやうにすることを決意し」というくだりがあり、「戦争の惨禍」が「政府の行為」によって起こるという前提になっています。

確かに、政府や軍が勢い勇んで、戦争に突き進んでしまう可能性そのものは存在しています。たとえばアメリカは、大量破壊兵器が存在するという誤った情報を基にしてイラクに攻め入り、政府を転覆させてしまいました。それが発端となって、イラクは無秩序状態となり、過激派組織イスラム国」が台頭する素地をつくるなど、混乱を生む要因となりました。そうしたことを考えれば、政府や軍が暴走しないように監視するという役割そのものは、必要なことだと言えます。

しかし、「政府や軍がそもそも戦争の原因だ」と決めてかかるような議論は正しいと言えるでしょうか。私はここに、指摘すべき点が二つあると思います。一つは、「外からやって来る戦争もあることを、忘れてはならない」ということです。本章の冒頭で述べたように、安全保障というのは、日本という国がこの国際社会の中で、生存と独立を守っていくために――簡単に言えば滅ぼされないために――どうすべきかを考えていくことです。ですから必然的に、周囲を見渡して、どこの国がどんな戦略や意図を持っていて、どんな武器を持っていて、どれくらい危ないかを常に考えておく必要があるのです。ですから、「政府や軍が戦争の元凶だ」とだけ考えていたならば、外から来るかもしれない脅威に対して、気づけないことになってしまいます。戦争というのは相手がいる話であって、政府や軍を抑え込んだところで戦争がなくなるわけではありません。外の世界を見ることなしに、「政府や軍を封じ込めておこう」とばかり考えるのでは、日本の安全は危なくなってしまいます。たとえば、ある国が「この島を取ってしまえ」などと言って日本の領土に攻め込んできた場合に、政府や軍をガチガチに抑え込んで身動きを取れなくしてしまっていたら、キチンと対処することはできるでしょうか。緊急事態においては、政府が迅速に自衛隊に指示を出して、対応するようにしなければなりません。「政府や軍こそが戦争の原因だ」と信じ込んでしまっていては、適切な手段が打てないのです。

日本では防衛についての議論は、もっぱら憲法九条をいかに解釈するかという訓詁学と化しています。それは、今回の安保法案の議論が「合憲か、違憲か」というテーマになってしまったことからも明らかです。あるいは、防衛関係費をGDPの一%以内に抑えるという枠を設定し、そこから少しでもはみ出すと、「自衛隊の歯止めが失われる」と批判されるのが、通例となってきました。しかしこれではまるで、相手のいないシャドー・ボクシングのようです。戦争も防衛も相手のある話なのですから、国内の憲法や予算の問題しか議論しないのであれば、片手落ちになってしまいます。「脅威にいかに備えるか」という認識が必要です。

もう一つは、「政府や軍こそが戦争の原因だ」という決めつけが過ぎると、民主主義の原理に反するのではないかということです。なぜなら、政府も軍も、国民の代表だからです。国会議員は国民から選挙で選ばれた人たちであり、その人たちの中から総理大臣が選ばれて、政府をつくっています。そして、本当なら国民の一人ひとりが負っている国防の責任を、代表して負ってもらっているのが、自衛隊という存在です。政府も軍も、実は国民の代表なのです。私は、マスコミが政府や軍の言いなりになっていて自由に物が言えない社会になることには絶対に反対ですが、逆の方向が行き過ぎて、マスコミが政府や軍という「国民の代表」をまるで諸悪の根源のように決めつけて、はじめから悪人扱いするのは納得がいきません。

この国では、国を守る自衛隊の最高指揮官は、選挙で国民が選ぶ国会議員の中から決まる内閣総理大臣という政治家です。そして私たちは、安全保障政策についての議論を、私たちの代表である国会議員にやってもらっています。先ほど、「自衛について考える責務は政治家が負っている」という高村氏の発言について、キャスターが「傲慢な姿勢」とこき下ろしたことを紹介しました。しかし、もし高村氏の発言が本当に傲慢で間違っていて、政治家が自衛について考える責務を負っていないのだとすれば、国防の最終責任はいったい誰が負えばいいのでしょうか。このキャスターは、憲法が権力と政治家を縛るということが、戦後の立憲主義の基本だと発言しています。そうであれば、自衛隊を動かして国の防衛の責任を負うのは、「憲法」という人格を持たないドキュメントだとでも言うのでしょうか。

本章では冒頭から、日本という国の防衛に本質的に責任を持っているのは、政府や自衛隊以前に、日本人の一人ひとりだと述べてきました。そして、政府も自衛隊も、私たちの代表です。私たちは自分たちの責任をもって政治家を選び、そのトップである内閣総理大臣に、国を守る代表である自衛隊の指揮権を委ねているのです。実際にどれだけ多くの人々が、そうした責任を感じて選挙に行っているかは定かではありませんが、そのような制度によってこの国は日々、動いているのです。それを考えれば、大手のマスコミが「政治家は悪い人たちだから、国防を任せられない」という議論を堂々としているというのは、マスコミが絶対のものとする「民主主義」の価値すらないがしろにする危ういものなのではないでしょうか。

マスコミという権力

私は、権力の監視役としてのマスコミの役割そのものは、必要だと思っています。権力を使って私腹を肥やす人々が出てくるのは、世界的に見ても歴史の常だと言えます。しかし、忘れてはならないのは、国会議員もまた「国民の代表」という位置づけとして選ばれているということです。この点を認識していなければ、報道のバランスが取れなくなってしまいます。それは、国民のマスコミに対する信頼すら失わせるものではないでしょうか。もし現在の政府や自衛隊が、国民の代表としての信用に足らないものだとすれば、では、本当に信用に足る政府や軍はどのようにすれば創れるのかを議論すべきです。そうでなければ建設的な議論は生まれてきません。

安保法案の審議の最中には、作家の百田尚樹氏が呼ばれていった自民党の若手議員の会合で、「マスコミは懲らしめないといけない」という発言があったとして、物議を醸しました。マスコミ各社は、「権力者である与党議員が、マスコミを規制しようとするかのような発言をすることは、報道の自由に対する挑戦だ」というトーンで伝えました。しかし、発言の主である大西英男・衆院議員の実際の発言を見てみると、違った側面も浮かび上がってきます。同議員は六月三十日に、記者団に対して次のように答えています。

だから懲らしめようという気はあるんですよ。

——あるのですか。

あるんですよ。一部マスコミですよ。だって、社会的制裁を受けてないじゃない。朝日新聞はどうしたんですか？　日本や日本国民の名誉や信頼を傷つけて。いま世界中をあたかも従軍慰安婦で、女性を抑圧したというのはね、広がっているじゃないですか、世界に。これ、いいんですか？　これ逆にいいんですか、みなさん、そんなことで。ええ？　そういうことで、私はこれは何らかの国民的な方法を考えていかなきゃいけないいな。それについて百田先生のご意見を伺ったということです。では、ここで終わります。(7)

ここで大西議員が述べているのは、慰安婦の強制連行があったという説を繰り返し報道していた朝日新聞などの報道の影響を問題ととらえて、それに対処する「国民的な方法」を考えないといけないということです。言ってみれば、マスコミの問題について考える国民的な運動をやらないといけないという呼びかけです。

この発言には不注意なものがありましたし、国会議員や政府の側が報道を規制する世の中には、私も反対です。あくまでも報道の問題は、政府の監視や規制などではなく、マスコミ間の競争原理や、報道をウォッチする民間団体によって、解決されていくべきだと考えています。しかし、発言内容そのものには、立ち止まって考えてみるべき点があったのではないでしょうか。マスコミは大西議員について「与党議員という権力者」と位置づけて批判しました。しかし前述のとおり、国会議員は国民の代表でもあります。そうした観点から見ると、この発言には違った見方もあり得ます。大西議員は「国民の代表」として、マスコミの問題を考えるための方法について、問題提起したという解釈もできるのです。そして、この問題提起そのものは、とても大切なものであるように思えます。

テレビや新聞といったマスコミが、権力者の不正を暴くことを通じて、独裁者の出現を防ぎ、民主主義の守り手という役割を担っているというのは確かでしょう。しかし、考えなければいけないのは、「権力の監視役」としてのマスコミは今や、記事一本で大臣の首さえも飛ばせるだけの権力を持つに至っているということです。その権力が、本来なら「国民の代表」であるはずの政府や自衛隊を信用しないようにと、絶えず国民に呼びかけているとしたら、それはおかしな話です。「先の大戦の反省」を掲げさえすれば、その論旨でいくらでも記事が書けることは分かります。歴史の反省が大切なことであることも知っています。しかし、そうした戦後の路線のままで日本のジャーナリズムがいつまでも突っ走っていては、健全な国防の議論は生まれないのではないでしょうか。そして、安保法案の審議を伝える報道は、そのことを浮き彫りにしたのではないでしょうか。

「先の大戦の反省」が生み出した、「政府や軍が戦争の元凶」という考え方を乗り越え、本当に信頼に足る政府と軍を創る努力を始めなければ、この国は安全保障の議論を前に進めることができません。この、「政府と軍」と「国民」が対立しているという構図は、実は戦後の時代に日本を占領したＧＨＱの方針にも表れています。ＧＨＱは、日本の戦争指導者を東京裁判で処罰すると同時に、戦争に協力したとされる人々を公職から追放していきました。そこで持ち込まれたのが、「軍国主義者が国民を戦争に巻き込んだのであって、国民は悪くない」という論理でした。本来ならあれだけの戦争は、国民全体の協力がなければできないものですが、ＧＨＱは「悪いのは軍国主義者だ」として、国民と政府と軍を分断してしまったのです。今日、「政府と軍が戦争を起こす」という考え方があまりに広範囲に広まっているのは、こうしたところに淵源があるように感じます。そもそも戦争が終わった直後のアメリカは、軍事の一切を解体して、日本が再び立ち上がれないようにすることを目指していました。その当時に持ち込まれた論理を、この国はいまだに引きずっているように思えます。まるで戦後七十年経っても、日本がＧＨＱの呪縛にとらわれているかのように。

確かに、政府や軍が暴走して戦争を起こすという事態は、戒めなくてはなりません。しかし、その反省が行き過ぎれば、今度は国を守れないことになってしまいます。私たちは、政府や軍とどう付き合っていくことが、健全な国防のあり方につながるのかについて、もう一度、考えてみる必要があるのではないでしょうか。そして、もはや一種の権力となっているマスコミとの関係についても同様です。そのことが、日本がさらに素晴らしい民主主義国家として発展していく上で、必要なことだと思います。

3　「核」の話をせずに、この国を守れるか

そして、「先の大戦の反省」の行き過ぎとして、もう一つ考えておかなくてはいけないのが、核兵器の問題です。広島、長崎に二発の原子爆弾を投下された経験を持つ日本では、戦後、核兵器については議論することさえもタブーとされてきました。それは、「唯一の被爆国である日本には、核兵器の廃絶という人類の悲願に貢献していく責務があるのであり、そこから一歩も後退は許されない」という議論です。日本では、核兵器をめぐる議論が、国防政策ではなく、むしろ国全体を巻き込んだ政治運動になっています。そして、少しでも核廃絶に後ろ向きと見える動きが国際社会にあれば、「被爆国としての日本の国民感情を傷つけた」という論評が出てきます。

安保法案の審議においても、同じような光景が見られました。二〇一五年八月五日の参院特別委員会では、民主党の白眞勲議員が、自衛隊が米軍の核ミサイルを運搬することは、新しい法案で可能になるのかと質問。中谷元・防衛相が「法令上は可能だ」という見方を示すと、翌日からはやはり「被爆者たちの思いを逆なでするような発言」といった批判が相次ぎました。(8)

核兵器が甚大な被害を及ぼすことは実証済みであり、核兵器が廃絶できるのであれば、それは望ましいことと言えます。しかし問題は、今日の国際社会においては、核兵器は依然として、国防における最も重要な手段であるということです。「自分の国は自分で守る」ということについて考える上で、核兵器をどのように扱うかは避けては通れない議論です。

アメリカのウェブメディア「ワシントン・フリー・ビーコン」が報じたところによると、中国は二〇一五年の広島原爆の日である八月六日に、大陸間弾道ミサイル「東風-41(DF-41)」の発射実験に成功したとのことです。アメリカ国防総省が近いうちに実戦配備されると見込むこのミサイルは、一万二千キロから一万五千キロの射程を持ち、アメリカ本土をも脅かすことができます。複数の核弾頭を搭載して攻撃の威力を高めたり、複数の対象を同時に狙えるタイプのミサイルです(MIRV)。この記事では、国際分析戦略センターのリック・フィッシャー上級研究員が「つまるところ、中国は新たな段階に入った可能性があり、核弾頭の数は急速に増加するだろう」と述べています。[9]

安保法案をめぐる議論では、賛成派は東シナ海や南シナ海での、中国の軍事的な脅威を強調し、それに対して反対派からは「対話を通じて解決すべきで、軍事に頼るべきではない」といった声が聞かれました。しかし、どちらの議論からも抜け落ちているのは、何を隠そう核の問題です。「中国の脅威」を語るのであれば、その最大の要素である核戦略を脇に置いては議論できないはずなのです。南シナ海では中国が急速に人工島を建設していることが問題になっていますが、この海域に同国が触手を伸ばすのも、潜水艦から発射する核ミサイルを配備して、アメリカを脅そうとする戦略の一環でもあると言われています。[10]しかし日本では、アメリカとの「核の密約」はやり玉に挙がりますが、「中国の核」についての議論は一向に聞こえてきません。これは一体どういうことでしょうか。

急速な軍事力の増強を続ける中国は、アジアでの覇権を獲得し、ハワイまでの太平洋地域をアメリカと分け合うことを狙っていると見られます。そのために、海洋進出を積極的に進めており、米軍が西太平洋に接近できなくなるような戦略を取っているのです。アメリカと対抗する上で重要なのが核兵器であり、初代の毛沢東の時代から同国は開発に力を注いできました。

ちなみにここで、核兵器を持つことの意味について考えてみましょう。冷戦時代、アメリカとソ連は大量の核兵器をお互いに向け合っていましたが、結果的には、お互いに戦火を交えることがありませんでした。これは、「こちらが核ミサイルを撃てば、相手からも同じくらいの甚大な報復が待っている。だから撃つのは得策ではない」と、お互いに判断して自制したためと考えられます。核兵器の被害は甚大ですが、だからこそ脅し合いによって自制が働くというメカニズムです。これが、本来の「抑止力」の意味でもあります。ただ、核抑止が成立するためには、核兵器を単に持っているだけでは不十分で、重要なのは「報復の能力」です。なぜなら、もしこちらからの先制攻撃で、向こうをやっつけられるとすれば、こちらから攻撃を仕掛ければいい話で、脅し合いにならないからです。核兵器による抑止は、「やったらやられるから、やらないでおこう」とお互いに思うことで成り立つため、一撃でやられてしまう体制であれば、意味をなさないのです。そこで、たとえ、相手が先に攻撃してきたとしても、こちら側が生き延びて、潜水艦などから反撃できる体制を持っていることで、核抑止が機能すると考えられています（第二撃能力）。

これは核兵器を持っている国同士の話です。では、日本のように核兵器を持っていない国はどうなるのでしょうか。理論上、核兵器を持っていない国は、核兵器を持っている国が「撃つぞ」と脅してきた瞬間に、服従する以外になくなってしまいます。そこで登場するのが、「核の傘」の議論です。日本は核兵器を持っていませんが、アメリカが「核の傘」で守ってくれているという前提があります。もし日本が攻撃を受ける場合には、アメリカが核兵器を使ってでも、あるいは「使うぞ」と脅してでも日本を守るということが、日米安保の体制の本質です。

安保法案の議論の中で、法案反対派は「アメリカの戦争に巻き込まれるかもしれない」とうリスクについて、盛んに議論していました。しかし忘れてはならないのは、日本が自前の核抑止力を持たないのならば、現時点で、アメリカの「核の傘」に頼るほかに日本を守る選択肢はないのだということです。こうした大きな戦略もあって、日本はアメリカと同盟を組んでいるわけです。そうであるなら、核戦略について何ら話をすることもなく、「アメリカの紛争に巻き込まれる」とだけ言い立てるならば、一般の国民の目からすれば、何のために日本はアメリカと同盟しているのかさっぱり分からないことでしょう。「日本は守ってもらっている」という事実を考慮に入れなければ、「日本はアメリカのポチにされて自衛隊が犠牲になる」という一方的なイメージばかりが広まっていくことになります。

安保法案に反対するグループの間では、「原発反対」を主張している団体が積極的に活動していたようです。デモのPR広告でも、安倍政権への反対の言葉とともに「NO NUKE」といった反核・反原発のスローガンが記載されているのも、たびたび見かけました。安保法案への反対では、学生団体の「ＳＥＡＬＤｓ」などの活動が目立ちましたが、「市民運動」を全体として見ると、安保法案と原発を一緒に葬り去ろうとしているかのようです。しかし、「アメリカのポチが嫌だ」というのであれば、日本は自前で核抑止力を持たなければなりません。「アメリカは嫌い。原発ゼロで核兵器も反対」というのであれば、日本はどうやって国を守っていけばいいというのでしょうか。その部分をはっきりさせないまま、扇情的に「安保反対」と唱えるだけでは、国民の生命を危険にさらすことにならないでしょうか。

世界で唯一、核兵器の被害を受けた国としては残念なことですが、国際社会では現在でも核兵器が極めて重要な役割を担っています。たとえ弱小国であっても核弾頭とそれを運ぶミサイルといった手段を持てば、最強国であるアメリカでさえも容易に干渉できないだけの国防体制を持つことができるのですから、安上がりです。だからこそ、かつて貧しかった中国も、北朝鮮もイランも、核兵器を持とうとしてきたのです。日本国内での核に関する議論は、「核廃絶は人類の悲願」というものしかほとんど存在しませんが、それだけでは国際社会を生き抜いていくことは難しいのではないでしょうか。核兵器が持つ意味についても理解し、考えないことには、「中国の脅威」をめぐる議論も、安保法案の審議も、国防政策のあらゆる議論が迷走してしまいます。核兵器について理解し、議論することが、日本の国防政策の議論に、求められていると言えるのではないでしょうか。

特に、先ほどアメリカの「核の傘」について言及しましたが、「核の傘」が絶対のものではないことについては、日本も認識しておく必要があります。このまま中国が核兵力の増強を進め、アメリカに対する核抑止力を強化していけば、日本を守っているアメリカの「核の傘」の威信は揺らいでいくことになります。なぜなら、「核の傘」とは、日本が攻撃された時に、アメリカが代わりに反撃してくれるという体制だからです。たとえば、まったく仮定の話として、ある日、中国が大見得を切って、「沖縄から米軍を撤退させなければ、アメリカの西海岸を火の海にするぞ」と脅したとします。さて、アメリカはどうするでしょうか。日本を守ってくれるのでしょうか。

私は、守ってくれる可能性は、限りなく低いと思います。なぜなら、日本の首相や自衛隊の最大の仕事が日本国民の生命を守ることであるように、アメリカ大統領や米軍の第一の仕事はアメリカ人の生命を守ることにあるからです。ですから、ロサンゼルスやサンフランシスコを火の海にする危険を冒してまで、アメリカが日本を守ってくれる保証はないと言えます。もっとも、日米両政府の政治家や官僚は、決して「核の傘は機能しない」とは言いません。「アメリカの核があるから、日本は安全だ」と言い続けます。それは、立場上、言っていいことと悪いことがあるからです。しかし、私たちは国防政策を考えるにあたって、「核の傘」には根本的な弱点があることは、知っておくべきだと思います。

こうした「脅し合い」の話をすると、「まさか、そこまでするはずはない」と思われる方もいるかもしれません。先ほどの仮定の話を読んで、「空想的だ」と思われる方もいるかもしれません。しかし、核による脅し合いは、実際に起きていることなのです。一九九六年の台湾総統選挙では、選挙の妨害をもくろむ中国がミサイル発射などで台湾側を威嚇したことがありました。そこでアメリカは空母を派遣して中国側の威嚇を止めようとしたのですが、その際に、中国は対抗措置としてアメリカに対する核攻撃を示唆したというのです。訪中したアメリカの元国務省高官に対し、中国軍の熊光楷副参謀長は、「一九五〇年代に、米国は三回、核兵器で中国を攻撃すると公言した。米国がそのようなことができたのは、中国が反撃できなかったからだ。今は反撃できる。米国は台北よりもロサンゼルスについて、もっと心配した方がいい」と述べたと言います。(11)

アメリカが台湾防衛のために空母を派遣したことは中国にとって大きな屈辱として記憶されており、この時期から海洋強国の建設に向けた中国海軍の増強が本格化することになります。この時は、アメリカが中国の脅しに屈することはありませんでした。しかし、今後長期的に、中国がさらに軍事的に力をつけて、アメリカとの差が縮まっていったとするならば、どうなるでしょうか。アメリカは常に屈しないと言い切ることはできるでしょうか。アメリカはいつでも、自国の一般市民を犠牲にすることさえ覚悟して、東京や台北、ソウルを守ってくれるのでしょうか。

同じ問題は北朝鮮に対しても当てはまります。同国は二〇一六年一月に〝水爆〟と称する兵器の実験を行うなど核開発を続けており、ミサイルの開発にも余念がありません。アメリカ本土を実際に核で脅かせるようになるのは、まだ数年はかかるとみられていますが、米軍は、北朝鮮がすでに小型化した核を大陸間弾道ミサイル（ＩＣＢＭ）に載せる力があると仮定して、万が一への備えを進めているといいます。日本は北朝鮮の核に対しても、お手上げになる恐れがあるのです。

このことは、日本にとって大きな選択を突きつけるものです。日本はＮＡＴＯで行われているように、アメリカから核兵器をレンタルする仕組みをつくることにするのでしょうか。あるいは、アメリカの核抑止力を補完するようなかたちで、自前の核抑止力を構築する道を選ぶのでしょうか。それとも、国民の命を危険にさらしながら、「非核三原則」と、核廃絶という人類の悲願を、あくまでも守り抜くのでしょうか。こうした議論を、真剣に行っていく必要があるのです。

しかし、安保法案の審議で見られたような国防政策の議論の状況では、こうした現実に立ち向かうことはできないでしょう。すでに亡くなられた自民党の中川昭一・元衆院議員はかつて、核について議論すらできない日本の状況に勇気をもって疑問を呈しましたが、この時もマスコミから非難が噴出しました。核廃絶は確かに、人類の悲願かもしれません。しかし、核兵器について「廃絶は悲願」と言うことしか許されないということは、国を守ることについてさえ自由な議論が許されていないということです。ここまで述べてきたように、民主主義の根幹は「この国をいかに守るか」という議論のはずです。その議論が自由にできないのであれば、この国の民主主義はいったいどうなってしまっているのでしょうか。「自分の国は自分で守る」という原則に立ち返ることが、やはり急務となっているのです。

4 〝右〟も〝左〟もみんな日本人

「憲法九条」を守りたい人々が、平和を願っている気持ちは、よく分かります。私も平和な世の中が、いつまでも続いてほしいと願っています。しかし、だからといって「軍隊がなければ平和が来る」と現時点で考えるのは、論理が飛躍しているのではないでしょうか。今日の国際社会では、依然として「武器よさらば」と言えるような状況ではないのです。そうであるならば、「政府や軍が戦争をつくる」という考え方を脇に置いて、「どのようにすれば国民の代表として信頼できる政府や軍を創っていけるのか」を考えることが、まず重要なのではないでしょうか。国民の一人ひとりが、この国を守り、将来へと受け継いでいく責任を負っています。私たちが市民としてそうした責任を果たしていくために、私たちの代表である政府や自衛隊に、どのように仕事をしてもらえばいいのでしょうか。そのことを考えていく必要があるのではないでしょうか。

そのためにもまず、「自分の国は自分で守る」という原則が民主主義の出発点であることを、考える必要があります。それはつまり、「日本人の民主主義」を取り戻すということでもあるでしょう。日本人の一人ひとりが、この国をどうしていくべきなのかを考え、議論し合う。いくら議論が白熱していっても、最後には「同じ日本人なのだから」といって、打ち解けて握手ができる。そうした民主主義を理想にしたいものだと思います。

そこで私が思い出すのは、先の大戦で政府が終戦を決定した際に閣僚同士が交わした言葉です。鈴木貫太郎首相は就任の時から、アメリカとの戦いを終わりにしなければならないと考えていました。しかし、最終的に日本が降伏を決めるに際しては、阿南惟幾陸相があくまでも継戦すべきだと主張し、閣内は割れてしまいます。そこで、最終的には御前会議の席で、鈴木首相が昭和天皇に御聖断を仰ぎ、それによって、戦いをやめることが決まったのです。阿南陸相は八月十四日に終戦の詔書に閣僚として署名した後、鈴木首相と最期の言葉を交わしました。その際に、陸軍を代表して強硬な意見を主張し、閣僚として首相を助けられなかったことについて詫びました。それに対して、鈴木首相はこう言ったといいます。「みな国を思う熱情から出たもので何ら意に

介していない」。(12)

鈴木首相のこの言葉に、私は民主主義のあるべき姿を考えさせられます。何よりも出発点は、国を愛する心を持ちよって、この国の未来について真剣に話し合い、耳を傾け合うという姿勢ではないでしょうか。民主主義のいいところは、様々なバックグラウンドを持つ人がそれぞれの意見を言い合って、そのいいところに学び合うというところにあります。活発な議論は歓迎すべきことですが、それがレッテルの貼り合いや罵り合い、場外乱闘合戦になってしまうような事態は、避けたいものです。そこで重要なのは、いくら議論し合って白熱していっても、最後には「同じ日本人なんだから」といって、打ち解けて握手できるような心がまえではないでしょうか。

今日の日本の民主主義には、まだまだ改良していくべき点がたくさんあるように思えます。政治における議論は、つい感情論が先行したり、ののしり合いに見えるようなこともあります。ある政策に賛成したり反対することで、いわれのないレッテルを貼られることもあります。最近でも、安保法案は「戦争法案」と言われ、法案賛成派は「戦争賛成派」のようにされてしまいました。「反知性主義」や「立憲主義の破壊」といった、様々な言葉が飛び交っています。少しでも防衛力の拡充を主張すれば、「右翼」「軍国主義者」「ファシスト」という言葉が待っています。脱原発の流れに疑問を唱えれば、「原子力ムラの回し者」にされてしまいますし、学者なら「御用学者」

と呼ばれ、まるで〝人民〟の敵であるかのような扱いです。マスコミに少しでも不利なことを言った議員や作家には、次の日からバッシングの嵐ですが、報道の内容そのものの適否が検証されることはありません。他にも、「売国奴」「国賊」「在日のゴキブリ」など、いろいろなののしり言葉が存在しています。

こうしたレッテル貼りを乗り越えて、「右も左も、みんな同じ日本人なのだ」という認識を共有することが、これからの日本の民主主義をよりよいものにしていく上で、重要なのではないでしょうか。アメリカの政治家のスピーチではよく、「赤い州も、青い州もない（共和党の州も民主党の州もない）」。アメリカの政治家はアメリカ合衆国だ」という演説をします。もちろん、アメリカでの党派対立には激しいものがありますが、それでも言葉のうえでは、国民を一つにまとめていこうというメッセージが繰り返し出され、政治家が「アメリカ人」という共通の土台を創ろうと努めているのです。日本で、こうしたフレーズが聞かれることは、あり得ないのでしょうか。確かに、「私は日本人ではない。地球市民だ」「日本は侵略国家で、日本人は悪人だ」と考えているような人々は、そもそも日本人であることを拒否しているわけですから、説得するのが難しいことは十分に承知しています。しかし、「右も左も、みんな日本人なのだ」という一点を、政治の議論の出発点として共有しなければ、日本の民主主義はいつまでも右左の罵り合いを超えられないのではないかと、憂慮してしまいます。

そうしたことを考える時に、思い当たるのは、昭和天皇のエピソードです。日本人がその日の食べ物にも困っていた終戦直後、皇居の周りに集まって、米を求めるデモを行っていた人々の中には、「朕はタラフク食ってるぞ、ナンジ、人民、飢えて死ね」というプラカードを掲げた人もいたそうです。これについて側近が、共産党が人々をあおっているのだと説明すると、昭和天皇はこうおっしゃったと言います。

「あれも日本国民だろう」[13]

左も右も、共産党員も自民党員も、全員が等しく日本人であり、主義主張に凝り固まって罵り合いをするのは、本来の姿ではないという認識が、ここには表れているのではないでしょうか。そして、国民同士が話し合って、この国をいかにいい国にするかを議論するかが、民主主義のあるべき姿だということも言えそうです。それは、五箇条の御誓文で明治天皇が皇祖皇宗に誓われた、「広く会議を興し、万機公論に決すべし」「上下心を一にして、さかんに経綸を行うべし」という精神にも通じてきます。こうした姿勢こそが、日本の民主主義に求められているのではないでしょうか。

自分の国は自分で守る――。その原則が民主主義の基礎です。そして、「右も左も、みんな日本人だ」という認識を、民主主義の議論の土台とする必要があります。それこそが、日本が今後も民主主義の国として発展していくための鍵になるのではないでしょうか。

（1）『日本の自殺』グループ一九八四年（文春新書）一一三〜一一四ページ
（2）内閣府大臣官房政府広報室ウェブサイト「自衛隊・防衛問題に関する世論調査」二〇一六年六月一六日閲覧
http://survey.gov-online.go.jp/h20/h20-bouei/index.html
http://survey.gov-online.go.jp/h23/h23-bouei/index.html
（3）ニューヨーク・タイムズ「Who's Willing to Fight for Iraq?」二〇一五年六月一日、二〇一六年六月一六日閲覧。和訳は筆者による。
http://www.nytimes.com/2015/06/01/opinion/whos-willing-to-fight-for-iraq.html
（4）『君主論』マキアヴェッリ（岩波文庫）一〇一、一〇六〜一〇七ページ
（5）GOHOOウェブサイト「朝日新聞 憲法学者の『自衛隊の合憲性』アンケート回答、紙面化せず」二〇一五年七月二三日、二〇一六年六月一六日閲覧
http://gohoo.org/15072301/
（6）Robert Dujarric「Preliminary Lessons From Japan's Security Debate」The Diplomat 二〇一五年七月二四日、二〇一六年六月一六日閲覧。和訳は筆者による。
http://thediplomat.com/2015/07/preliminary-lessons-from-japans-security-debate/

（7）朝日新聞デジタル「大西英男議員、記者団とのやりとり詳細」二〇一五年六月三〇日、二〇一六年六月一六日閲覧
http://www.asahi.com/articles/ASH6Z5QFGH6ZUTFK00R.html

（8）毎日新聞 二〇一五年八月七日 朝刊 五面

（9）Bill Gertz「China Tests New Long-Range Missile with Two Guided Warheads」Washington Free Beacon 二〇一五年八月一八日、二〇一六年六月一六日閲覧
http://freebeacon.com/national-security/china-tests-new-long-range-missile-with-two-guided-warheads/

（10）Tetsuo Kotani「Why China Wants South China Sea」The Diplomat 二〇一一年七月一八日、二〇一六年六月一六日閲覧
http://thediplomat.com/2011/07/why-china-wants-the-south-china-sea/

（11）『毛沢東と鄧小平の「百ヵ年計画」』平松茂雄（オークラＮＥＸＴ新書）一九三〜一九四ページ

（12）『重光・東郷とその時代』岡崎久彦（ＰＨＰ文庫）五一六〜五二八ページ

（13）『世界が憧れる天皇のいる日本』黄文雄（徳間書店）一七五〜一七六ページ

第四章　「ジャパニーズ・ドリーム」の国を目指して
——移民問題を話し合う前に

1　難民を救った日本人と、「人類皆兄弟」の思想

杉原千畝という外交官の名前は、歴史教科書にも載っているくらいなので、ご存知の方も多いと思います。二〇一五年には、彼の功績を紹介する映画も公開されました。東欧リトアニアに赴任した杉原は、ナチス・ドイツの迫害から逃れてくるユダヤ人に「命のビザ」を発給し、約六千人を救ったことで知られています。本国外務省はビザの発給要件を厳格に守るよう求めましたが、杉原はこれを拒否し、あくまで人道的見地からビザを書き続け、査証発行は異動のためベルリンへ行く際の汽車が発車するその時まで続きました。

杉原の名前が有名になった一方で、当時の日本でユダヤ人を助けたのは、実は彼だけではなか

ったのです。ヨーロッパでの迫害を逃れようとしたユダヤ人が一九三八年に、ソ連と満州の国境のオトポールという場所に押し寄せた時、ハルビン特務機関の樋口季一郎・少将は、彼らを助けるために新京にある司令部に働きかけ、救援列車を出すなど救出が行われたということです。樋口少将はハルビンで行われた「極東ユダヤ人大会」の開催を支援するなど、ユダヤ民族に対する理解がありました。

満州でのユダヤ人救出が可能になったのは、樋口少将や同じくユダヤ問題について研究していた安江仙弘大佐らの進言によって、関東軍司令部が一九三八年一月に「現下における対ユダヤ民族施策要領」を定めていたことが背景にあります。この文書は、ユダヤ人に対して「八紘一宇の壮大精神に抱擁統合するを理想とす」とうたい、他の民族と同様に扱うことを述べています。当時の関東軍の参謀長は、後に首相になる東条英機が務めていました。ユダヤ人を差別しないという姿勢が、正式に定められていたのです。このユダヤ人保護の姿勢は、この年の十二月に一種の「国策」となります。首相、外相、蔵相、陸相、海相が開く「五相会議」が「ユダヤ人対策綱領」を決定し、ユダヤ人を差別することなく、他の国の人々に対するように公平に扱うように定めたのです。

戦前の日本をめぐっては、ドイツやイタリアと同盟を組んでいたこともあって、アドルフ・ヒトラー総統率いるナチスと同じような悪辣な国家だったという言い方がされてきました。しかし、ヒトラーがユダヤ人の虐殺に及んだ当時の世界にあって、明確にユダヤ人保護の姿勢を日本が国策として打ち出したのは、極めて画期的なことでした。一九三八年にはユダヤ人難民の保護について話し合う国際会議がフランスのエビアンで開かれ、二十九カ国の代表が出席しましたが、難民の保護について積極的だったのはドミニカ共和国だけだったといいます。一九三九年には、ユダヤ人の難民九三七人を乗せた船が、キューバ、アメリカに入国拒否され、ヨーロッパに戻ったところ、難民たちの多くが強制収容所送りになってしまう事件もありました。

もっとも、「ユダヤ人対策綱領」は、アメリカとの戦争が始まった際に、ユダヤ人がスパイ行為などを行う恐れがあるとして、破棄されています。しかし、日本政府は一九四二年に「時局に伴うユダヤ人対策」という文書を策定し、その中で、「全面的にユダヤ人を排斥するがごときは八紘一宇のわが国是にそぐわない」として、民族差別を行うことがないように定めました。そして実際に、日本が事実上、統治していた上海では、ビザなしでユダヤ人が入国できたため、ここに逃れてくるユダヤ人が相次ぎました。日本は、ドイツ側からユダヤ人に対する処置について足並みをそろえるように要求されながらも、これをはねつけ、あくまでも特定の民族を差別しないという立場を貫いたのです。

日本がこうした姿勢を取り続けた背景には、政策を定めた文章にも散見される「八紘一宇」という精神があったからだと思われます。八紘一宇はもともと、『日本書紀』の神武天皇についての記述に淵源をもつ言葉で、「世界を家のように一つ屋根のもとにおこう」という意味合いです。世界を一つの家にするということは、つまり「世界が家族」ということですから、ざっくばらんに言えば「人類皆兄弟」という意味合いにもなります。

歴史家の平間洋一氏は、著書『イズムから見た日本の戦争』の中で、日本軍によるユダヤ人救済を次のように評価しています。

日本のアジア主義も列国と同様な自己中心主義であり覇権主義であった。しかし、日本のアジア主義で特記すべきことは、「人類はみんな兄弟」と地球上の人類を総て家族と考える「同胞主義」の「八紘一宇」の大家族主義が根底にあったことである。これを示すのが、日本が世界でユダヤ人を保護した数少ない国である、という事実ではないであろうか。（1）

考えてみれば、日本は朝鮮や台湾を統治するにあたっても、インフラ投資や教育の整備を怠ることなく行いました。欧米の列強諸国が現地の人々を虐げ、まるで家畜か何かのように扱ったのに対して、日本人は「自国の領土の一部となった現地の人々も、あくまでも同じ人間である」という心を忘れなかったのです。日本人と現地の人々とが、まったく平等だったというわけではありませんが、欧米の基準では考えられないほどの穏当な統治が行われたのは事実です。「八紘一宇」という言葉そのものが国策の中心として決定されるのは一九四〇年のことですが、「人類皆兄弟」という考え方そのものは、日本の文化に深く根差したものであるように思えてきます。中国史とは異なり、日本の文化からは、相手を皆殺しにして殲滅してしまうような考え方は出てきません。あくまでも、人間に対しては人間としての配慮をもって接するという思想が、脈々と流れていることが伺えます。

こうしたエピソードについて話しているのは、日本に住みたいという海外の人々を受け入れる移民政策について、考えてみるためです。私は移民を受け入れることそのものには、反対するつもりはありません。日本は世界で第三位の経済大国であり、チャンスを求めて日本に来たいと願う人々は、世界に数多くいることでしょう。在日の祖先の多くは、かつて日本でのチャンスを求めて海を渡り、この国で努力した人々です。以前の章でも述べましたが、彼らはまさに「ジャパニーズ・ドリーム」の先駆者と言えるでしょう。もちろん、中には貧しさから犯罪に手を染めるような人はいましたし、北朝鮮の工作活動に加担する人々もいましたが、日本に定住して勤勉に働いた多くの在日の努力には、素晴らしいものがあったと言えます。

アメリカには有名な「アメリカン・ドリーム」という言葉があります。最近でも、大統領選に共和党から出馬したキューバ系のマルコ・ルビオ上院議員が、しきりにこの言葉を強調していました。キューバから逃れてきた両親の目の前には、「自由とチャンスの国アメリカ」があった。このアメリカという素晴らしい国があったおかげで、一家は一から身を立てることができた。私はアメリカという国に、大きな借りがある。だから、議員の道を選んだ——。ルビオ氏が述べているのは、こうした内容です。

この気持ちは、私自身もよく分かります。海を渡った在日の祖先の目の前には、日本という素晴らしい国がありました。だからこそ、私はいまこうして、この社会で幸せに生活しています。思えば、アジアに先駆けて近代化を遂げた日本には、アジアから多くの留学生がやってきていました。孫文といった革命家も日本人を頼りにし、日本人にかくまってもらったこともあります。アジアの人々を支援しようとした、心ある日本人の存在を忘れるわけにはいきません。明治の日本人がアジアの人々に門戸を開いたのは、やはり、アジア人はみな兄弟だという人種平等の思いが、その底流にあったからではなかったでしょうか。日本は以前から、アジアの夢の国だったのです。そして私はこれからの日本が、再び、アジアの夢の国として、多くの人々に慕われる国になることを願っています。世界の人々が、「日本は夢の国だ」「できることなら、日本に移り住んで、一旗揚げてみたい」と思うようになれば、どれだけ世界に素晴らしい影響を与えられるようになるでしょうか。

しかし、一朝一夕に大々的に門戸を広げ、大量の移民を受け入れるような政策を取るわけにはいきません。日本がそうした「夢の国」となるためには、解決していかなければならない大きな問題がいくつもあります。ひょっとすると現代の日本は、移民問題を議論できるだけのスタートラインにすら立っていないのではないかとも思います。そのことについて考えてみます。

2 「新しい日本人」の条件とは?

アメリカでも不法移民が大きな問題になっていますが、移民を受け入れるためには、それなりの条件が必要です。もし日本に来たい人が誰でも来ていいということであれば、中には「日本でテロを起こしてやりたい」といった間違った動機を持った人々も入ってきかねません。実際に、日本に対して復讐心を燃やしている国々が、すぐ近くに存在しています。北朝鮮は、日本人の拉致を繰り返しているほかに、朝鮮総連などを通じたスパイ活動を展開していると言われます。移民を受け入れることの脅威は、日本にとっても現実のものなのです。

それは、韓国に対しても同様です。韓国では「日帝による三六年間の植民地支配」の恨みをエネルギーにした反日思想がまるでモンスターのように立ち上がっており、伊藤博文を暗殺した安重根がまるで教組のように祀り上げられています。オサマ・ビン・ラディンといったテロリストを英雄視するアルカイダのようなグループについては、多くの人が危険だと思うでしょう。それならば、隣の国の元首相を暗殺した人物を、平気で英雄にしてしまう韓国の思想の危険性についても、日本人は気づかなければならないと思います。オサマ・ビン・ラディンを英雄と考える人々は、後に続けとばかりに、欧米に対してテロを企てます。それと同様に、日本を攻撃したテロリストを英雄とする人物が、日本に対してテロを起こさないとも限らないのです。

筑波大学の古田博司教授は、ある著書の中で、日本と戦って勝って建国したわけではない韓国は、国としての正統性に傷を抱えていると指摘した上で、次のように述べています。

> 正統性を保つために韓国が英雄として誇るのは、爆弾魔のテロリストだけだ。爆弾テロリストを英雄に仕立てなければならないのは、いまの韓国の悲哀であり、私が危惧しているのは、反日教育でテロリストや爆弾魔を解放運動の雄だと刷り込まれ、頭のなかがＩＲＡ（アイルランド共和軍）のようになった韓国の若者が「自分も英雄になりたい」と思って、爆弾をもって海を渡ってくる危険性があるということだ。(2)

「韓国人テロリストの問題」といえば、日本の主要メディアでは絶対に取り上げられないテーマでしょう。このテーマを堂々と論じれば、「人種差別だ」という言葉が飛んでくるかもしれません。しかし、反日思想を持った韓国人によるテロ事件は、すでに発生しています。二〇一五年十一月には、靖国神社の南門のトイレで、爆発事件がありました。犯人の韓国人の男は、「靖国神社にA級戦犯が祀られていることに、個人的不満があった」などと話しているといい、日本に対する政治的な恨みが犯行につながったと見られます。韓国では日本を敵だと教え込むような、強烈な反日教育が続いており、幼稚園児までもが旗を振って「独島（竹島の韓国名）はわが領土」と叫ぶイベントまで行われているようです。大学生を対象にした世論調査で、韓国にとって最大の脅威は日本だと答えた割合が半分にのぼり、北朝鮮を上回るという結果も出ているほどです。(3)

欧米諸国では、イスラム教の過激思想によるテロとの戦いが、大きな問題になっています。二〇一五年には、シリアやイラクに勢力を持つ「イスラム国」に忠誠を誓う実行犯が、フランスのパリと、アメリカのカリフォルニア州でテロ事件を起こして、テロ対策が大きな問題になりました。イスラム過激派によるテロ問題といえば、日本は幸いにもまだ大きな事件にも遭っておらず、関係のない問題のようにも見えます。しかし、「過激思想によるテロ」ということであれば、日本も直面しています。韓国を代表的な例として挙げましたが、中国の反日思想も大きな問題です。日本はこうした危険な思想を持つ国々に囲まれているという事実を、忘れるわけにはいかないでしょう。

こうした状況で、日本が移民に大きく門戸を開けばどうなるでしょうか。すでに「スパイ天国」と言われて久しい日本の状況です。日本に危害を加えようとする国が、移民の中に工作員を紛れ込ませる可能性は高いと言わざるを得ません。中国が日本にすでに万単位でスパイを送り込んでいるという説もあるほどです。移民政策が日本の安全保障の脅威になる可能性は高いと言えるでしょう。

ここで私が言いたいのは、「韓国人や中国人はスパイかもしれないから、誰もかれも警戒すべきだ」という話ではありません。日本で平和に暮らす中国や韓国の人、そして在日も多くいるわけですから、彼らを誰も彼も疑ってかかり、過度に敵視しようという意図は、私にはありません。ここで言っているのは、もし反日思想を解決できていない現在の状況で、移民を大々的に受け入れれば、スパイやテロ事件を企てる人物が紛れ込むのは当たり前だということです。

しかし、政府はこうした問題に目を向けないまま、移民の受け入れを拙速に進めようとしているように思えます。二〇一四年二月に開かれた政府の諮問会議「『選択する未来』委員会」では、内閣府が毎年二十万人の移民を受け入れる案を示し、議論を呼びました。移民受け入れの背景にあるのは、もちろん人口減少の問題です。国立社会保障・人口問題研究所は、日本の人口が「平成六〇（二〇四八）年には一億人を割って九九一三万人となり、平成七二（二〇六〇）年には八六七四万人になるものと推計される」と試算しています。(4) 人口が減っていけば、それだけ働く人の数も減っていくわけですから、それにともなって日本の経済力も下降の一途をたどることになる。それを防ぐためにも、出生率を高めるのと同時に、移民を受け入れて人口の減少を補うべきだという議論です。

「日本人とは何か」の議論を

移民の受け入れは、主として経済的な面から議論されがちですが、見過ごされがちな重要な問題は、「この国のかたちをどうするのか」という議論です。様々な国から、様々なバックグラウンドや宗教、文化、言葉を持った人々が日本に集まってきた場合に、それでも日本は日本でいられるのでしょうか。そして、「それでも日本は日本でいられる」と言いきれるためには何が必要でしょうか。移民政策の前に考えておかなければならないのは、そうした問題だと言えます。

たとえば、アメリカでも移民をめぐって一大論争が巻き起こっています。もちろん、治安の悪化や雇用が奪われるのではないかという問題はありますが、それよりも重大なのは、アメリカが一つの国として今後もまとまっていられるのかという問題です。中南米からの移民はすぐには英語を話せませんから、スペイン語を使っており、移民人口の多い場所ではスペイン語が準公用語になったりしています。しかし、言語が違ってしまえば、同じ国の人同士であっても、話が通じないわけですから、これで国が一つにまとまれるのだろうかという不安があります。さらには、イスラム教徒の移民が増えれば、今度はキリスト教徒が主流だったアメリカで、別の価値観を持った人々がコミュニティーをつくることになります。アメリカの大統領は就任式で聖書に手を置いて宣誓を行いますが、イスラム教徒がさらに一定以上増えてきた場合には、こうした伝統にも疑問符がつくかもしれません。すでに、二〇一六年の大統領選では、「イスラム教徒はアメリカの大統領になるべきではない」と発言する候補が現れるなど、この問題は議論を呼んでいます。

そして何より、「建国の神話」を共有できるかという問題があります。アメリカは、プロテスタントの一派であるピューリタン（清教徒）が迫害を逃れてイギリスから移り住み、開拓地をつくって、やがて本国イギリスの重税に反旗を翻して独立したという歴史を持ちます。そして、ベンジャミン・フランクリンら「建国の父」たちが、自由と民主主義の国を打ち建てたというのが、国づくりのストーリーです。「私たちの国はこうしてできた」というこうしたストーリーを共有できるかどうかは、国が一つにまとまる上で大きな意味を持っています。しかし、「建国の父」たちはみな、ヨーロッパにルーツを持つプロテスタントの白人でした。異なるバックグラウンドを持つ人々は、こうした「建国の神話」に親近感を持てるでしょうか。持ち続けられるでしょうか。そうした点も、アメリカの移民の問題を取り巻く大きな論点だと言えます。

こうした議論があるからこそ、アメリカの大統領選では毎回、「アメリカとは何か」について候補者たちが激論をかわすのです。大統領候補者たちの演説は、「私はこうした政策を立てる。なぜなら、アメリカとはそもそもこういう国だから」という説明のオンパレードです。「移民の国」であるからには、異なる人々を一つにまとめるビジョンが必要になります。それが何かについて、国のリーダーが議論を戦わせるのです。果たして、日本ではそうした論争が真剣に行われているでしょうか。特に、政治の世界において、目先の選挙の勝利のためではなく、国家観のあり方をめぐった論争が、行われているでしょうか。

私が言いたいのは、アメリカが優れていて、日本がダメだという話ではありません。もし、人口の減少に対応するために移民の受け入れを本格的に検討しなければならないのであれば、日本人も「日本とはどういう国なのか」について、真剣に議論を重ねなければならないということなのです。内閣府が「毎年二十万人」という数字を示したように、移民の受け入れを急ぐのであれば、「どうしたら日本はこれからも日本でいられるか」という討論を、真剣に行っていく必要があります。それをすっぽかして、労働力の不足を補うために、とにかく数合わせで海外から労働者を受け入れるのだという議論ばかりを先に進めていたら、後から大きなしっぺ返しを食らうことにもなりかねません。

ですから、もし将来的に本当に移民の受け入れを本格化させなければならないとすれば、考えておくべきことは、「日本人とは何か」「何をもって、『自分は日本人だ』と言えるのか」という論点でしょう。日本では、移民という言葉の他に、「外国人労働者の受け入れ」という言葉が使われます。しかし、これではいつまでも、外国人は外国人、日本人は日本人ということになってしまいます。考えるべきことは「外国人をどう迎えるか」という論点ではなく、「どのように日本人を増やすか」「移り住んでくる外国人に、新たな日本人になってもらうにはどうしたらいいか」という議論ではないでしょうか。

日本では移民政策について、反対意見が根強くありますが、しかし、たとえ外国の出身者であっても、日本の伝統や文化、天皇や神社を敬う心を持ち、日本の法律を守って「善き市民」として暮らし、勤勉に働いて社会に貢献するような人であれば、歓迎できるのではないでしょうか。

さらには、もし国に万が一のことがあれば、日本人として国を守るために戦うこともあり得るということを理解しているとすれば、さらに心強いことでしょう。いたずらに移民に対して反対したり、拒否反応を示したりすることにとどまらず、こうした「新日本人」をどのように増やしていけるか、そのための条件や課題を長期的に議論していくことの方が、建設的なのではないでしょうか。そして、そのことが、単に移民の受け入れについての賛成や反対だけではない、「第三の道」を考えることにもなると思うのです。

それでは、そのために何が必要でしょうか。その最初のステップは、やはり私たち自身が「日本は何なのか」「どのような国であるべきか」を常に問い続けるということだと思います。そしてこのことは、第一章で述べたとおり、この国を守るために努力してこられた先人たちに対する、私たちの供養の心から始まります。この国を守ろう、よりよい国にしようと尽力してこられた祖先に感謝するところから、「私たちは、いかに彼らの思いを受け継ぎ、どのように新たな国づくりをしていくべきだろうか」という議論が始まっていくのです。そしてこのことが、私たち自身が私たちは自らの手でこの国を守り、将来に引き継いでいく責任を負っているのだという自覚を持つことにもつながります。先達がこの素晴らしい国を私たちに残してくださったように、私たちも未来の世代のためにこの素晴らしい国を伝えていかなければなりません。移民を議論する上での出発点は、人口統計や経済成長率の数値ではなく、日本に暮らす私たちが、祖先や神々を敬い、この国に生まれたということに感謝と自信と誇りを持つということではないかと思います。

そうして、日本に暮らす私たち一人ひとりが、この国への感謝と誇りを取り戻すことができて初めて、移民を本格的に受け入れることも可能になります。日本で一旗揚げてみたい、日本という素晴らしい国に住みたいという海外からの人々を、私たちのこの国を愛する思いで包み込み、彼らもまた新たな日本人として暮らしてもらうということが可能になります。日本の歴史や伝統、祖先を敬い、さらに素晴らしい国を創っていこうという私たちの輪に、海外から集まってくる人々をも加えることが可能になってくるのです。こうしたプロセスが、移民政策の議論の入口として必要なのだと言えます。そして、こうした国家のアイデンティティに関わる議論を無視したまま、性急に移民を受け入れようとすれば、日本人が愛してきたこの日本という国のあり方が、失われることにもなりかねません。

「嫌韓」や「ヘイト」を乗り超える

私たちが、「日本とは何か。どのような国であるべきか」について、深く議論を重ねてこそ、海外から「新しい日本人」を受け入れることも可能になるのです。このことはつまり、「アジアはひとつ」「人類皆兄弟」と信じた祖先の気持ちを、私たちが正しく汲み取り、平和な国際貢献への思いに基づいた新しい「八紘一宇」のビジョンを打ち出すということでもあります。朝鮮、台湾の近代化に貢献し、さらにはアジアの植民地解放のために命を懸けて戦われた祖先の、その純粋な気持ちを私たちが受け止めて、今度は破滅的な戦争を経ることなく、「人類皆兄弟」という考えに基づいた、平和なアジアを創っていくということです。こうしたビジョンが国家としての柱となった時に、日本はもう一度、「アジアの夢の国」、「ジャパニーズ・ドリーム」の国になれるのだと思います。

そうした思いを私たちが分かち合えれば、いわゆる「嫌韓ブーム」や「ヘイトスピーチ」の問題も、乗り越えていくことができるのではないでしょうか。

日本では、一時期、「冬のソナタ」をはじめとした韓国のドラマが大流行りになって、「韓流ブーム」が生まれました。また同時に、韓国企業の興隆が著しいとして、経済でも「韓国を見習え」というムードが、しばらく続きました。しかしそれに対して、今度は「嫌韓ブーム」が起き、書店には韓国バッシングの本が所狭しと並びました。

私は、「嫌韓ブーム」そのものについては、評価できる部分もあると考えています。韓国の社会や政治経済について、表から裏から検証する本が出回ったことで、これまで「韓流ブーム」のイメージで覆われてしまって見えなくなっていたリアルな韓国の姿が、世の中に知れ渡るきっかけになったからです。いくら韓流スターがカッコいいからといって、ドラマはあくまでもドラマとして美化されており、社会の実情までを知ることができるわけではありません。そして、「韓流ブーム」を通じて熱心に友好を演出したところで、相手の国情が簡単に変わるわけではありません。「嫌韓ブーム」は、レイシズムだと言う人もいますが、むしろ「韓流ブーム」が創り上げた「見せかけの友好」に対する拒否反応だったという見方もできます。

ありのままの韓国の実情を知るということは、外交においても非常に重要です。日韓関係について議論する際には、「自由や民主主義といった共通の価値観を持つ隣国」という表現が、たびたび使われます。特にアメリカから日米韓の関係を論じる時には、決まってこうした言い方に出会います。私も、北朝鮮や中国の軍事的な脅威に相対するために、三カ国の連携が重要であることはよく心得ています。しかし、三カ国は表向き「自由」や「民主主義」でつながっているように見えても、「三カ国は同じ価値観の国であるはずだ」という色眼鏡を通して見るようになると、現実を見誤ってしまうため、注意が必要だと言えます。

最近でも、セウォル号事件の際の朴槿恵大統領の動静について、現地紙を引用してコラムを書いた産経新聞の支局長が、名誉棄損で起訴される事件もありました。また、戦時中に慰安婦になった朝鮮人女性について、日本軍と「同志的関係」にあったと分析する本を書いた学者も、起訴されています。日本による統治に少しでも肯定的な意見を述べたり、あるいは日本との安全保障での協力を主張すると、「親日派」、つまり「売国奴」と言われてしまう国柄です。そこに言論や学問の自由が存在しているとは言えません。建前を超えて、日本と韓国が今後の関係のあり方を模索する上でも、韓国の実情が日本の社会に広く知られる意味は大きいのではないでしょうか。

一方で、「嫌韓ブーム」が、一部の団体などによるヘイトスピーチに発展したことは問題です。何よりも、「朝鮮人はゴキブリ」「朝鮮人は東京湾に叩き込む」といった過激な言論は、自由な言論に対する無用な規制を増やすことにつながり、言論空間を狭めてしまう恐れがあるからです。在日社会の姿勢に問題があることは確かなのですが、しかし、だからといって、生身の人間に向かって「死ね」と叫ぶ権利は、誰も持っていないのです。在日の在留資格について疑問があるのであれば、フェアな言論や政策の問題として議論すべきことであって、朝鮮学校の生徒に向かって罵声を浴びせることは、方法論として望ましいものではありません。

こうした問題を受けて、「ヘイトスピーチ解消法」が国会でも議論され、二〇一六年五月に成立しましたが、私は言論の自由の方向性について憂慮しています。なぜなら、ヘイトスピーチをどのように認定するかは、曖昧にならざるを得ず、規制を推進すれば、自由な歴史研究や健全な議論さえもできなくなっていく恐れがあるからです。人間の言葉は、いかようにも解釈が可能ですから、「差別だ」という理由をつければ、どんな言葉であっても差別になり得ます。規制を許していけば、どんどんと口が重い社会になっていってしまいます。一部の団体が「言論の自由」を盾に良識や人権をないがしろにしたことで、逆に「言論の自由」を狭める規制を生んでしまったという意味で、ヘイトスピーチは大きな問題を生んだと言えます。

ここで思い出すべきなのは、朝鮮や台湾における統治でも、日本は決して欧米のような搾取を行ったわけではなく、現地の人々を人間として扱ったということでしょう。それは前述したとおり、「アジアはひとつ」「人類皆兄弟」という思想が背景に流れていたからではないでしょうか。そうであるなら、現代に生きる私たちも、アジアの発展を願った人々の思いを汲んでいくべきなのではないでしょうか。

確かに、俗に「特定アジア」と呼ばれる国々の政策には、私も納得がいきません。韓国では反日のためなら何をしても許されるという風潮があり、国を挙げての反日活動には目に余るところがあります。北朝鮮にしても、自国民を飢えさせながら核ミサイル開発を続け、あろうことか外国人を国家ぐるみで拉致するという、まるでヤクザのような国家体制です。中国にしても国内では政治的な弾圧が続いており、対外的にも中国政府は威圧的な軍拡政策を続けています。

しかし、それは彼らの政府が悪いのであって、あくまでも国民は被害者であるのだという視点を、忘れてはならないのではないでしょうか。韓国に暮らす人々は、子供のころから日本を敵視するように教えられ、そのまま大人になっていきます。日本であれば、いくら学校で何を教えられようとも、大人になって自分で本を読めば、新しい知識を学び直すことができます。しかし、少しでも日本の統治時代に肯定的な本を書こうものなら、すぐに発禁処分にされたり、著者が訴えられたりする韓国では、多様な歴史の見方を提供してくれる本に出会える機会は、はるかに少ないでしょう。反日思想をそのままむき出しにしてしまう国民性にも問題はあるのですが、国民の知る権利を制限している政治にこそ、最大の問題があると言わざるを得ません。日本に軍事的な脅威を与えている北朝鮮にしても中国にしても、国民が味わっている苦しみには、深い同情を覚えます。私たちはまず、彼らの苦しみに同じ人間としての悲しみを抱き、いたずらに彼らを敵視するのではなく、基本的人権が制限されている国家体制によって虐げられている彼らを、「なんとか自由にしてあげたい」という気持ちを、まずは持つべきなのではないでしょうか。そしてそれこそが、アジアの解放のために戦われた英霊もまた、望んでいることなのではないかと思います。

在日についても同様です。確かに、北朝鮮や韓国の工作員と化し、日本に危害を加えているような人々に対して、「半島に帰れ」と言う気持ちは分かります。しかし、そうした言葉を、誰彼問わず在日の全員に、ましてや罪のない子供たちに向けることが、生産的な政治活動であるとは思えません。私もかつてそうでしたが、在日のコミュニティーで生まれ育てば、十分な知識もないままに、「日本は悪い国だ」と思い込まされてしまう人たちも多くいます。彼らは自分たちが教えられた歴史の見方しか知らないからそうなっているのです。正しい道は、彼らに多様な歴史の見方があるのだと伝えるということではないでしょうか。前提の知識もないのに、「在日は半島に帰れ」とだけいきなり言われれば、言われた方は「日本人は怖い」「日本人は差別的だ」という思いばかりが募ることは目に見えています。やはり重要なのは、これからの世代に「日本は素晴らしい国だから、一緒に日本の社会のために頑張ろう」という気持ちを持ってもらうことなのではないでしょうか。「出ていけ」と言う代わりに、「日本人になろう」と言うことなのではないでしょうか。そして「新日本人」を生み出していくという方向にこそ、移民問題や「ヘイトスピーチ」問題の解決策があるように思います。

真にお互いを理解し合える日が来るまでに、たとえ何百年もかかるとしても、私は気持ちの上で、日韓友好を諦めませんし、また諦めてはいけないのだとも思います。中国や北朝鮮の人々についても同じです。いつの日か、お互いを称え合える歴史観をもって、日韓の両国民が握手を交わす日がくると夢見ることを、私は願っています。そして、そうした平和な東アジアが実現することを望みます。どちらも同じ人間である以上、お互いに人間として付き合える日が来ることを、願ってやみません。

（１）『イズムから見た日本の戦争』平間洋一（錦正社）三一二ページ
（２）『醜いが、目をそらすな、隣国・韓国！』古田博司（ＷＡＣ）六三〜六四ページ
（３）中央日報「韓国の大学生５４％『北朝鮮より日本が敵国』」二〇一二年八月二九日、二〇一六年六月一六日閲覧
http://japanese.joins.com/article/472/158472.html
（４）国立社会保障・人口問題研究所ウェブサイト「日本の将来推計人口（平成24年1月推計）」二〇一六年六月一六日閲覧
http://www.ipss.go.jp/syoushika/tohkei/newest04/con2.html

〔参考図書〕（右記以外の主なもの）
・『猶太難民と八紘一宇』上杉千年（展転社）
・『ユダヤ難民を助けた日本と日本人』上杉千年（展転社）

・石田訓夫、白石仁章「第二次世界大戦前夜における極東地域のユダヤ人と日本外交」『外務史料館報』第二六号（二〇一二年十二月）

第五章　「世界の中の日本」を考える

――「歴史戦」の先にある二十一世紀の世界

1　この素晴らしい国、日本

「愛国心」という言葉をわざわざ使うと、うさんくさい感じがします。「日本が好きだ」と堂々と言えば、全体主義的だと言われることもあります。この国では、もうしばらく、国を愛することがタブーとなってきたかのようです。しかし、国を愛することは悪いことでしょうか。本当は、そうではないのではないでしょうか。たとえば、東京都民が「東京が好きだ」と思えばこそ、東京という都市はより素晴らしいものになっていくのではないでしょうか。ローマ帝国があれだけ栄えたのは、ローマ人が心からローマを愛したからではないでしょうか。それならば、日本人が「日本が好きだ」と思えば、日本もいい国になっていくのではないでしょうか。「愛国心」に関する議論は、本来はそれくらいシンプルなものなのだと思います。日本人が、日本は素晴らしい国だと思い、この国を受け継いできてくださった祖先に感謝する。問題を難しく考えるよりも、本当は、それで、いいのではないでしょうか。

私も以前、「日本は侵略国家であり、極悪人の国だ」と思っていた頃は、日本という国を憎めばいいのか、愛していいのか、正直言って分かりませんでした。日本で大変便利な暮らしをしていても、「この豊かな暮らしも、アジア侵略の多大な犠牲の上に成り立っている」と考えたら、感謝のしようがありません。あるいは、「朝鮮人同士が殺し合いをした朝鮮戦争の特需で、この国の復興は軌道に乗った。そのことを、朝鮮の血を引く者として、どう考えればいいのか」などといった問題を、難しく考えてみたこともありました。

しかし、「日本を憎めばいいのか、愛せばいいのか」という設問は、そもそも間違っています。なぜなら、「好きか、嫌いか」は考えるものではなく、自分がどう感じるかの問題だからです。私たちは政治の問題が絡むと、背後関係などをあれこれして、どうしても物事を難しく考えてしまうようです。しかし、たとえば中高生の恋愛みたいに、好きなら好きだと、自分の気持ちを素直に認めればいいのです。「どうあるべきか」を考え始めたら、いつまで経っても答えは出ないことでしょう。私もこのことに気付いた時、ふと肩の荷が下りた気がしたものです。

「愛国心」の行き過ぎを心配する人たちの気持ちも、分からないでもありません。政府が「国を愛せ」とばかりしつこく宣伝し、「愛しているなら奉仕せよ」と強制してきたら、これは問題があります。また、「自分の国はすごいが、他の国はダメだ」と言い過ぎれば、それは過度なナショナリズムと言えるでしょう。そのことが、戦争につながるというのも、ごもっともなことだと思います。

しかし、この国の素晴らしさを認め、愛する気持ちそのものを否定する必要はありません。日々、自分の暮らす国や社会の素晴らしさに感謝して、「ありがとう」と思うことは、それ自体、とても素敵なことです。「ありがとう」という気持ちは、人間にとって、最も前向きなエネルギーです。この国に暮らす一人ひとりが、「日本で暮らせてよかった」と素直に思い、それを口にして生きたら、それだけでも日本は、さらに素晴らしい国になっていくと思います。

では具体的に、日本の何が素晴らしいのでしょうか。自分自身の経験も踏まえて、そのことを考えてみます。日本はまず、安全でとても住みやすい国です。たとえば、深夜二時にコンビニで買い物をしようと道を歩いていても、多くの場合、「犯罪に遭うかもしれない」とビクビクする必要はありません。財布を失くしても、交番に届きます。電車の中で忘れ物をしても、「忘れ物センター」に行けば、見つけることができます。銃で撃たれる心配も、特にありません。

とかくセンセーショナルなニュースを大々的に伝えがちな報道の影響で、猟奇的な事件が増えているかのような印象がありますが、統計はむしろ、日本が諸外国に比べて安全な国であることを示しています。経済評論家の堺屋太一氏は、二〇一五年八月五日の日経新聞紙上で、「現在の日本は、どこよりも安心で安全で清潔で正確な国（社会）」だとして、次のように論じています。やや長くなりますが、統計が簡潔にまとまっているので、紹介します。

２０１３年末、日本で刑務所に収容されている人は、有罪未決を含めて約６万３０００人である。ではアメリカは何人か。何と２２４万人、日本の35倍、人口当たりでみても14倍になる。

世界の中でアメリカに次いで刑務所収容者の多いのはロシア、人口当たりで日本の９・６倍だ。以下タイ、イラン、ブラジルと続く。治安の良いとされえるイギリスでも３倍、フランス、韓国は2倍。日本は犯罪の少ない国である。

新聞やテレビは連日のように凶悪な殺人事件を報じているが、12年の殺人事件は１０３２件、人口10万人当たり０・８件にすぎない。アメリカでは４・７件、フランス３・１件、ドイツ２・６件である。

日本の犯罪の少なさは殺人や強盗などの凶悪犯だけではない。窃盗でも日本は人口10万人当たり831件（総発生件数104万件）だが、欧米諸国はその3倍以上である。しかも日本の場合、ほとんどが路上での自転車泥棒や店頭での万引きで、家屋への侵入犯はごく少ない。居住者に恐怖感を与える侵入犯が少ないことも、日本の安心感を強めている。(1)

このように、日本はとても安全な国だと言うことができます。その理由としては、社会全体のモラルがとても高いことが挙げられるのではないでしょうか。「当たり前」のレベルが、そもそも高いのです。どこまで一人ひとりが意識しているかは分かりませんが、「他の人のことを考える」という美徳が、社会の隅々にまで行き渡っているように感じます。

そのことを世界に実感させたのは、二〇一一年の東日本大震災後に発揮された、日本人の規律正しさではなかったでしょうか。大規模な被災にもかかわらず、整然と行動した日本人の振る舞いが、世界を驚かせたことはよく知られています。混乱時に一般的によく起きるとされている略奪などは総じて少なく、少ない食料をお年寄りから順に分け合ったり、配給の列を乱さずに整然と並んでいるといった光景は、いくつもの美談を生みました。仏AFP通信は、二〇一一年三月十五日付で次のように報じています。

大震災と巨大津波による二重の惨劇から立ち直るとき、日本の国際的な評価はいっそう高まるに違いない。日本という国の芯の強さに世界の称賛が向けられている。

世界中のテレビには、がれきとなった家屋や車をあたかもおもちゃのように津波が押し流し、変わり果てた荒地に放心状態でさまよう被災者の姿が映し出されている。

しかし、映像はもうひとつの側面も世界に伝えた。消息を絶った家族を探しながら、生活必需品が届くのを待ちながら、冷静さを失っていない日本人の姿だ。そこには略奪や暴動の素振りもない。

半分空になった店の前でさえもきちんと並ぶ住民の姿に、英語圏のインターネット・コミュニティは、日本人は「冷静だ」と目を見張り、欧米諸国で同規模の地震が起きた場合にこうできるものだろうかという驚きが書き込まれている。(2)

こうした声は欧米メディアだけにとどまらず、中国やインドなどのメディアも、日本人の冷静さを称える報道をしていたといいます。二〇〇五年にアメリカ南部を巨大ハリケーン「カトリーナ」が襲った時や二〇一〇年のハイチでの大地震の時などは、商店への略奪行為などが相次ぎ、無法地帯と化した地域もありました。災害後のそうした光景が世界的に当たり前となっている中で、日本人の落ち着いた振る舞いは、世界の多くの人々に感化を与えたのでしょう。アメリカのウォールストリート・ジャーナル紙は、アメリカは福島第一原発の事故に過剰反応すべきでないと戒める社説の冒頭を、次のような一文で始めています（同年三月十四日付）。

三百年に一度の地震の後で、混乱の中でも日本人は冷静さを保っており、莫大な救援・救助活動をまとめ、世界からの称賛を広く集めている。(3)

こうした海外の反応を集めていくとキリがありませんが、日本社会が規律正しさや、助け合いといった誇るべき精神を持っていることは、世界の認めるところとなっているのではないでしょうか。

日本の社会の素晴らしさとして、時間の正確さもあげることができます。たとえば飛行機で言えば、私も経験があるのですが、アメリカではフライトの遅れはもはや定番と化しています。アメリカに留学してまだ一年くらいのころ、帰省が終わって、大学のあるボストンに戻ろうとした時には、「使用機到着遅れ」という理由で、経由地のシカゴでしばらく足止めを食ってしまいました。日本の国内線であまり遅れを経験したことがなかった私が落ち着かない様子でいると、隣で話していた出張中とおぼしきビジネスパーソン二人の会話が耳に入りました。「一時間半の遅れなら、悪くないわね」。なるほど、一時間半なら、〝悪くない〟。交通機関に求める水準は、先進国であっても国によってまちまちなのでしょう。最近も、出張でサンディエゴに向かうために、経由地のサンフランシスコで乗り継ぎを待っていたところ、なかなか飛行機が来ず、待つこと三時間、出発ゲートが三回変わって、ようやく飛ぶことができたということもありました。

ちなみに、これを統計で見てみます。アメリカ運輸統計局がまとめた、二〇一四年の国内航空会社の定時出発率は、七四・八二％にとどまります。[4]日本ではどうでしょうか。国土交通省が「特定本邦航空運送事業者に関わる情報」を発表していますが、これによると日本国内の空の便の定時出発率は、なんと九〇・八六％です。[5]国土の広さなど、様々な理由はあるでしょうが、これほど滅多に遅れない飛行機というのは、素晴らしいと言えるのではないでしょうか。なお、アメリカのフライトスタッツ社が調べている定時運航率のランキングで、日本航空（ＪＡＬ）は二〇一三年まで二年連続で世界一位でした。十四年は世界四位だったものの、アジアでの一位はキープしています。

よく言われる話ですが、こうした時間の正確さは、鉄道についても当てはまります。ピーク時には三分間隔というハイペースで発着を繰り返しながら、滅多に遅延がなく、五十年にわたって無事故運転を続けてきた新幹線はその典型と言えるでしょう。二〇一五年には、車内での焼身自殺事件を受けて安全対策の見直しを求める声も出ましたが、ここまで事故無しで日本の大動脈として機能してきたことは、世界に誇る偉業ではないでしょうか。また、定時運行を支える清掃員のテキパキとした機敏な動きは、ネット上の動画などで紹介され、海外からも賛嘆の声が集まったといいます。

新幹線は確かに、日本社会の象徴になっていますが、私がむしろ日本人の「思いやり」を感じるのは、在来線に乗っている時です。日本にいると当たり前になってしまうのですが、日本の電車では予定時刻から一分遅れただけで、車掌が「電車が遅れまして、ご迷惑をおかけします」と、わざわざ放送で謝ることがよくあります。あるいは、電車が線路上で突然、停止する際や、停車駅で普段よりも長く待つ時にも、「赤信号のため停車します」「発車間隔の調整を行なっておりま す」など、短いながらも、可能な範囲でその理由を説明してくれます。こうした点にも、時間に対する配慮や、日本ならではの気配りを感じることができます。さらには、地震や人身事故といった自分たちの責任ではない不可抗力でダイヤが乱れた時にも、「ご迷惑をおかけしております」というお詫びが入ります。いったい、どこまで気配りが行き届いているのでしょうか。

こうした細やかなサービス精神が、いかに素晴らしいものかは、私もボストンの地下鉄に乗ってみて、嫌というほど実感しました。ボストンの地下鉄や路面電車には、なんと時刻表がありません。もちろん、駅にも貼られていないのです。これは日本の電車に慣れている身にとっては、一種のカルチャーショックです。だいたいは十分くらい待っていれば、電車が来るのですが、来ない時は三十分以上、待たされることもありました。その時には決まって、二、三台の電車が玉突きのように固まってやってきます。私も周りの乗客も、ため息ばかりです。

ただ遅れるだけなら、まだいいのですが、問題はボストンの緯度が北海道くらいのところにあるということです。吹雪の日も、凍てつくような日もあります。路面電車の駅で、いつ来るとも分からない電車のために、三十分以上も待っているのは、たいへんな苦痛です。さらには、天候が悪ければ間引き運転で、さらに待ち時間が延びることもあります。これでは、通勤も通学も命懸けです。私が興味を持っているのは、時間の計算が立たない交通機関のおかげで、ボストンは市全体としてどれだけの経済損失を、日々、被っているのだろうかということです。もし統計をどこかの機関がまとめるのであれば、見てみたいものだと思います。ボストンというアメリカの由緒ある都市でさえ、こうした状況です。日本人は、電車が時間通りに駅に来ることを、当たり前だと思っていますが、世界的には恵まれていることだと言えるのではないでしょうか。

相手の立場をどこまでも考える国

日本の社会の素晴らしさは、「お客様の立場に立って考える」という、相手への思いやりから生まれているのではないかと思います。日本に暮らしていると、様々な場面で、ほんの少しの細やかな優しさが感じられることがあります。細かいことですが、私が驚いたのは、キユーピーが販売しているドレッシングのビンのキャップです。以前のビンなら、最初に使う前に、キャップを開けた後で中栓をはがす必要があり、ドレッシングがはねてしまうこともあるなど、不便なところがありました。しかし最近では、キャップを反対方向に回すと、それでもう中栓が開く仕掛けになっていて、とても簡単です。

あるいは、小さな醤油パックなどでよくある、「こちら側のどこからでも開けられます」という表示。細かな切れ込みがいくつも入っていて、簡単に開けることができます。アメリカでは、「開封口」と書いてある箇所でも、いくらひねってもつねっても、パッケージが開かないことがよくありましたが、それと比べると、何と開けやすいことか。最近では、使っても酸化しない二重の容器に入ったボトルの醤油も売られていますが、これも素晴らしい工夫でしょう。

こうしたことは、本当に細やかな「カイゼン」だと言えます。しかし、消費者に負担をかけないように、細かい部分でも商品の改良を積み重ねていく日本企業の姿勢に、私は感動することがあります。

こうした点を考えてみると、実は日本こそが世界で最も資本主義の精神を体現できる可能性のある国の一つなのではないかとも思えてきます。「資本主義」という言葉には、共産主義者の宣伝もあって、ともすれば「強欲な資本家が、貧しい人から搾取する」というイメージを抱きがちです。しかし、資本主義の良いところを挙げるとすれば、市場原理に基づいて、それぞれの企業が自由に競争を行うことがあります。消費者にとって役立つ製品を生み出す企業なのかどうかが、競争によってふるいにかけられます。言い換えれば、「お客様のために」と、各社が切磋琢磨することによって、よりよい製品が生み出され、社会全体の生活水準や幸福度が上がっていくということです。

確かに日本では、グーグルやアップルのような、人々のライフスタイルを根こそぎ変えてしまうような革新的な企業は、なかなか生まれていないかもしれません。そして、成長の坂を上りきった日本は、少子高齢化がさらに進むにつれて、これから下り坂を下りていくしかないという意見も、あるのかもしれません。しかし、この国に根付いている、「お客様のために」という「カイゼン」の精神があれば、今後とも日本はまだまだ発展していけるのではないでしょうか。私は漠然と、そうした期待を持っています。

あとは、「お客様のために」を、より自由に競い合えるような環境をさらに調えることが、課題ではないでしょうか。そこで最も重要なのが、税金に対する考え方です。本来なら、働いて手にしたお金は、その人のものであるはずです。自分のお金を自分の意思で自由に使うことは、その人の権利だと言えます。もちろん、治安を維持する警察や、海外からの脅威から国を守る防衛など、国全体にとって必要な事業に使うために、私たちはある程度の税金を政府に納めなければなりません。しかし、自分で働いて稼いだお金をどのように使うか決めることは、基本的にその人の権利です。こうした考え方がなければ、政府は国民からどんどんと際限なく税金を取っていってしまうことでしょう。

社会保障改革を名目にした消費税の引き上げはいい例ですが、他にも、二〇一五年には、海外に移住する富裕層が持つ株式の含み益に所得税を課す「出国税」が導入されましたし、相続税も増税になっています。さらにはマイナンバー制の導入によって、国民の資産の監視が、よりいっそう進むことになります。国民が大反発しなければ、いわゆる〝国の借金〟を言い訳に、これからも政府は税金の取れそうな分野を、次々と探していくことでしょう。ビールは税金が高いからと、発泡酒、第三のビールと、民間が創意工夫を凝らして新しい商品をつくっても、今度はその第三のビールに増税することさえ議論されるようになります。これでは、一生懸命に働いたり、消費者に喜ばれるように新しい商品を生み出したりする民間の気力が、どんどん削がれていってしまいます。かつて、ロシアのピョートル大帝は、ヒゲをはやしている商人らに課税する「ヒゲ税」を導入しましたが、日本人はこれを笑えるでしょうか。

現代の日本では消費増税も与野党の談合で決まってしまい、国政選挙でも減税という選択肢が見当たらない状況です。増税に対して反対意見が出ると、「それなら」と言って、今度は一度集めた税金の一部が〝給付金〟というかたちで、もう一度、ばら撒かれます。消費税率を十％にする際の軽減税率も、ロジックは同じです。税率は上げるが、特例を増やすのです。いちど集めてから、もう一度、国民の手に返すのなら、初めから取らなければいい話ですが、政府の側はどうしても「自分たちが庶民にお金をあげている」という偉そうなイメージを、国民に刷り込みたいのでしょうか。

「財政赤字だから」という言い訳はありますが、ここでも考えなければならないのは、「政府は国民の代表に過ぎない」という議論です。政府は国民がつくっているのであって、国民がいなければ政府は成り立ちません。そして、国民が働かなければ、政府は機能しないのですから、国民が自分の力で働いて、幸福な暮らしを営めるように計らうことが、政府の役割でなければなりません。日本国憲法はご丁寧にも、納税を義務として定めていますが、もし「民は税金を納めるのが当たり前だ」という意識がこの国の政府や役人にあるのであれば、それは傲慢な発想でしょう。高い税金をかければ、庶民がそれに反発し、政府を取り換えるように反乱を起こすというのは歴史の常であり、このことを忘れるわけにはいかないのです。

安倍政権は、自身のアベノミクスが行き詰ったことで、今度は「一億総活躍」などの標語を持ち出してきました。「新三本の矢」という名のもとに、GDPを六百兆円にし、出生率を増加させ、社会保障を拡充させると訴えています。しかし、本当に国民各位が自らの力で自身の生活を切り開き、この社会で活躍していけるようにするためには、一人ひとりが頑張った成果を実感して励みにできるよう、所得税を大幅に引き下げるなどの大胆な減税政策がメインでなくてはいけないのではないでしょうか。ここまでの経済政策は、日銀がお金を大量に刷り増して株価を引き上げたところから始まり、大企業に賃金の引き上げを求めたり、女性管理職の数を増やすように指示を出したりと、「政府が指図して経済を切り盛りする」というポーズが前面に出ています。しかし、安倍政権が本当に経済政策で成功したいのであれば、ここで必要なのは、価値観の転換です。それは、「政府は国民に仕えるものであって、国民が頑張って働いてこそこの国の発展がある」という考え方です。そうであってこそ初めて、「一億総活躍」の「あなたが成長の主役」である経済が、生まれてくるのではないでしょうか。

税金の問題は、もっぱら経済政策の次元の話として議論されます。しかし、税制を経済政策としてしかとらえないのであれば、「いくら税金をかけると最も効率よく税収が上がるのか」という話だけになってしまいます。これは肝心の国民が、不在の議論です。税金というものは、国民が自分の力で築いた財産を、公共の利益のために取り上げるということですから、国民の権利の問題として議論する側面がなければいけないはずです。つまり、税金の議論というのは、人権の問題だとも言えます。こうした視点が、必要なのではないでしょうか。

そしてこうした議論を始めることが、日本人の持っている勤勉さ、創意工夫、「お客様のために」と考える精神が生かされて、日本がこれからも発展していくための処方箋なのだと思います。

日本の歴史のふところの深さ

ここまでは、現代の日本に焦点を当てて、日本という国の暮らしやすさ、そしてこれからの日本がさらに発展していくためにどのような考え方が必要なのかについて、考えてきました。一方で、今日の日本がこうした素晴らしい社会を築いてきた背景に、この国の歴史の器の大きさがあることにも、思いを向ける必要があります。国産みの神話から始まり、今日まで脈々と歴史をつないできたこの日本という国は、世界でも有数の由緒ある国と言えるでしょう。しかし、日本神道の建国の神話があり、その系譜を継ぐ皇室がありながら、日本には他の文化を受け入れて国の発展のために活用していくという懐の深さがあります。

奈良時代には、国家的な論争と争いの末に仏教を取り入れ、仏の教えに国家の守護を祈るとともに、学問的にも進んだ研究を行いました。聖徳太子の有名な「憲法十七条」には、第二条に「篤く三宝を敬へ。三宝とは仏・法・僧なり」という記述もあり、仏教を中心に据えた国づくりが行われたことが分かります。日本神道と仏教、神社とお寺が共存し、「神仏習合」の伝統が生まれていきました。また時代を下って、江戸時代には儒教の研究が活発に行われて学問の中心に据えられ、武士道とともに統治の原理として幕府の安定を支えました。黒船の来航とともに開国を迫られた明治期には、今度は西洋の学問が流入してきましたが、日本人はそれを急速に吸収し、憲法や議会制度といった近代国家の制度を整えていきました。アジアの他の国が近代化で挫折する中で、日本は国の体制を急速にトランスフォームさせ、あっという間に世界の強国の一角を占めるまでになりました。

海外の文化を受け入れ、社会の進化に役立てるという寛容な姿勢は、日本の歴史の特筆すべき点だと言えるでしょう。伝統がありながら、ダイナミズムを失わない、日本の素晴らしさだと思います。特に、神仏習合という言葉の通りに、異なった宗教文化が共存できる社会の寛容さは、宗教戦争が絶えない今日の世界にとっても、模範になるような例ではないでしょうか。

その一方で、海外の様々な事物を受け入れながらも、日本が日本としての国柄を失わなかったのは、何と言っても、神代の時代から系譜を連ねてきた皇室の存在が、歴史に一本の背骨を通してきたからです。初代の神武天皇が即位されてから、一二五代にわたって統一王朝が続いてきた日本の歴史は、文字通り世界史の奇跡としか言いようがありません。中国は「四千年の歴史」、朝鮮半島は「半万年の歴史」を掲げていますが、その内実は様々な王朝が興亡を繰り返してきたに過ぎません。しかし、日本の歴史は断絶することなく、皇統の系譜によって貫かれているのです。

このことは、西欧の歴史と引き比べてみると、その特異性が浮き彫りになります。上智大学名誉教授の渡部昇一氏は、皇室の系譜が続いてきたことの重要さを、欧米人にも分かるように、ギリシア神話とからめて指摘しています。渡部氏の『皇室はなぜ尊いのか』という著書には、次のような話が出てきます。トロイ戦争を戦った英雄、ミケーネ王のアガメムノンから、家系図を五代さかのぼると、最高神ゼウスがいる（六代説もあり）。それに対して、日本の初代天皇とされる神武天皇から、こちらも六代さかのぼると、日本神道の主宰神である天照大神に行き着く。もし仮に、ギリシアの王室が今日まで続いていて、神話から続くアガメムノンの子孫が、現在でも国王として同国を統治していたら、どうなるだろうと、と。

あるとき、渡部氏がこの話をドイツ人にしたところ、相手はたいそう驚いたといいます。(6) それはそうでしょう。トロイ戦争はほとんど神話の世界の話であり、その後のヨーロッパ世界では、ローマ帝国、フランク王国、ビザンツ帝国など、様々な国々が、領土を争いながら興亡を繰り返してきました。それを考えれば、アガメムノンの子孫がギリシア王をしているなどという歴史の「イフ」は、到底、想像の及ぶところではありません。しかし、現に日本では、そうなっているのです。日本では神話の時代から、ほとんど同じ国土の中で、統一王朝がその権威を保ってきたのです。これは世界的に見ても、驚きでしょう。

興味深いので、渡部氏の別の著作から、もう一つの例をご紹介します。二〇一四年には、皇族の高円宮典子さまと、出雲大社の宮司である千家国麿さんが、ご結婚されました。高円宮家は皇族ですから、さかのぼれば天照大神にまで至る系譜となります。お相手の千家家の祖先は天照大神の次男にあたるため、なんと三千年の時空を超えて、親族同士が婚姻関係になったということになります。このビッグニュースを、渡部氏は再びギリシア神話になぞらえて、次のように紹介しています。

このことを、外国人にもわかりやすく言うために、トロイア戦争の話と比べてみよう。これは、ホメロスの叙事詩に残されたざっと三〇〇〇年前の話である。トロイアの王子パリスが、ギリシアのスパルタを訪問して、その王妃ヘレナを盗んで帰った。王妃を盗まれたスパルタ王メネラオスは、報復の軍をトロイアに出す呼びかけをした。それに応じたギリシア軍の総大将として出陣したのがメネラオスの兄、ミケーネ王アガメムノンだった。

ここまではホメロスの詩に従うとして、それから約三〇〇〇年経った今日の状況を空想してみよう。トロイア国は繁栄している近代国家であり、その国家元首をパリスとヘレナの子孫が務め、その一族に娘がいる。いっぽう、アガメムノンの子孫は、今なおミケーネ島の王であり、壮麗な宮殿を持っている。そして、トロイア国王の一族の娘が、ミケーネの宮殿を継ぐ男子のところに嫁に行くということは、欧米人の想像を絶することであろう。(7)

このように、皇室の存在そのものが、驚くべきことであることが分かります。日本では皇室のニュースを当たり前のように耳にしますが、世界史的に見れば、それは当たり前のことではないのです。日本という国は、神話が歴史をくだって今日にまで直結している、極めて稀な国なのです。そして、皇室という背骨があってこそ、日本は様々な異文化を受け入れては昇華して活用し、現在でも世界で指折りの先進国として、安全で快適で暮らしやすい社会を実現できているのだと言えます。

「神話」といえば、現代では歴史教科書でも触れられるケースは少なく、真面目に論じればバカにされるような風潮があります。しかし、皇室だけでなく昔の豪族らの家系も神話にルーツがある場合もあるわけですから、神話を無視してしまうと、歴史を理解することが難しくなってしまいます。

そして、神話は国がひとつにまとまる上で、不可欠のものです。なぜならそれは、「私たちはどこから来たのか」というルーツを指し示すものだからです。あの歴史の浅いアメリカでさえ、清教徒たちがメイフラワー号に乗って〝新大陸〟へと渡ってきて、民主的な社会をつくり、独立戦争を戦い、憲法を制定していった経緯は、まるで神話のように扱われています。あの北朝鮮でさえ、初代の金日成が「抗日パルチザン」として勇敢に戦って国を建てたという（偽りに満ちた）歴史を、一種の神話として掲げ国を一つにまとめています。こうしたことを考えれば、建国のストーリーというのは、国を一つに結び付ける鍵であることが分かるのです。

現代の日本では、「悔い改めるべき侵略戦争を行い、その反省に基づいて、戦後の民主主義が始まった」というストーリーが、まるで「建国の神話」のように語られています。しかし、本当は、「戦後日本」ではなく、「日本」という国そのものの成り立ちのストーリーが、堂々と語られるようにならなくてはいけないのではないでしょうか。とかく、一九四五年で歴史が分断されているかのような見方がまかり通っていますが、日本の歴史はそれよりも遥かに古く、由緒あるものです。先の大戦をめぐっては様々な議論があることは事実ですが、それによって、長い日本の歴史を見る眼を曇らせてしまう必要はありません。日本がこれまでにたどった歩みを正当に評価し、誇りに思えるものを見つけていく作業が、必要なのではないでしょうか。

2 歴史問題は、日本の生命線

そして、日本の歴史の良い面を認め、誇りに思い、日本人が精神的にまとまることが、今まさに必要とされているのです。それは、歴史問題によって、日本の存続が危機にさらされているからです。歴史問題といえば、中国や韓国といった国々が、慰安婦問題や南京事件といった論点について、「日本人が残虐な侵略行為をはたらいた」という宣伝を世界各地で行っていることが挙げられます。このことは単に、日本がこれに対して反論する、しないという次元の問題にとどまりません。なぜなら、太平洋をアメリカと分割すべく軍拡にいそしむ中国共産党政府は、歴史問題を鍵に、日本を勢力圏に飲み込もうとしているからです。

習近平・国家主席は、日本を「ファシスト国家」と呼び、「戦後秩序を破壊しようとしている」と、就任当時から繰り返し述べてきました。「戦後秩序」といえば、日本側の考え方としては、冷戦の発生にともなって、日本とアメリカが安保条約を結んだことを連想するでしょう。しかし、中国の言い分は違います。中国は戦時中の一九四三年に発表された「カイロ宣言」などを根拠に、「中国とアメリカが共同して日本を倒した」という枠組みのことを、「戦後秩序」と呼んでいます（いわゆる「ポツダム体制」）。それは実質的に、「戦後」ではなく「戦中」に戻って、米中が連携し、〝ファシスト国家〟である日本を挟み撃ちにしようという呼びかけなのです。もっとも、当時の中国の政権は共産党のものではなく、蒋介石率いる国民党でしたから、中国共産党が「日本と戦った」というのは正しくないのですが。

つまり、中国側が日本を歴史問題でしつこく糾弾しているのは、アメリカに対して「貴国はファシスト国家の日本と戦った戦友ではないか。もう一度、仲良くして、日本を封じ込もう」と呼びかけているのと同じことなのです。中国は「戦わずして勝つ」という孫子の兵法をまさに実践していると言われますが、この呼びかけは日米を離間させようという戦略の一環なのです。

問題は、アメリカの側にしても、このような歴史の見方を共有していることです。アメリカは日中戦争で中国に肩入れするなど同国との結びつきが強い上に、戦時中のプロパガンダもあって「太平洋戦争では、日本の軍国主義を退治し、民主主義を打ち建てた」という歴史観を根底に持っています。この点では、中国と相通じる面があります。二〇一三年十二月に安倍首相が靖国神社を参拝した際に、アメリカ側が「失望」を表明したことは、象徴的です。靖国神社については今日でも軍国主義の象徴と思われており、アメリカのメディアでは「戦争神社（war shrine）」という表現もよく使われます。中国はアメリカと歴史認識が共通していることをフックにして、事あるごとに、日本叩きにアメリカも巻き込もうとしているのです。

日本とアメリカは安全保障や経済などで緊密な関係を保っていますが、もし長期的に、アメリカが中国の訴える歴史認識を完全に受け入れ、米中同盟が成立するような事態が起きることがあれば、日本には重大な危機が訪れることになります。日本としては、歴史の間違いについてしっかりと正していくと同時に、アメリカとの同盟関係を強化し、さらに独自の防衛力も高めていく必要があります。もし日本が何もせずに手をこまねいているだけなら、最悪の場合、日本が滅びることもあり得るのです。日本では、中国の問題について、「歴史問題は歴史問題」「軍事は軍事」と、テーマを分けて考えるようなところがあります。しかし、将来起きる可能性のあるシナリオを考える上では、この二つを重ね合わせて見てみることが極めて重要です。

中国は東アジアで、アメリカが握っている覇権を奪おうと突き進んでいます。そのために、核ミサイルでアメリカを攻撃でき、なおかつ攻撃を受けても反撃できる体制を整えようとしており、アメリカが中国の軍事戦略に介入できないようにしようとしています。これによって、日本を守ってくれることになっているアメリカの「核の傘」が、実質的に意味を持たなくなってきていることは、すでに述べました。核に加えて、中国はサイバー攻撃や人工衛星を破壊する能力の開発にも力を入れています。現代の戦争では、電気通信が連絡機能として不可欠であるため、これを破壊してしまうことで、戦わずとも勝ててしまう戦略を中国は取ろうとしているのです。通常兵器でも、特に海軍の増強を進めており、米軍が西太平洋に近づけなくしようとしています。

その先には、何があるでしょうか。アメリカ太平洋軍のティモシー・キーティング元司令長官は二〇〇七年に訪中した際、中国海軍の幹部から、ハワイを境に米中で太平洋を分割しようという提案を受けたと証言しています。また、ヒラリー・クリントン前国務長官も二〇一二年に、南シナ海の領有問題についての協議の中で、中国側から「私たちはハワイの領有権を主張することができる」と言われたことを明らかにしています。現時点ではブラフ（はったり）であったとしても、これらの発言は、中国の軍事戦略の行き着く先を示唆しています。それは、中国が東アジアで最も力を持つ覇権国家となり、アメリカと太平洋を分け合うという未来です。習近平・国家主席は実際に、アジアの安全保障はアジア人が担うという「アジア新安全保障観」を提唱したこともあります。これは実質的に、中国がアメリカをアジアから追い出して、自ら主導権を握りたいと宣言したも同然でしょう。

「東京大虐殺」もあり得る?

「中国がアメリカと太平洋を分割する」と言っても、あまりピンとこないかもしれません。しかし、日本にとってみれば、これはつまり、中国の属国になるという意味なのです。こうなった時点で、アメリカは東アジアから完全に手を引いており、日本は核保有国である中国の行うことに対して、反対する力を持たないということです。日本はまな板の上の鯉であり、中国は好きなように日本を料理できるということです。私は第三章の中で、民主主義の社会はまず第一に、国の独立をいかにして守っていくかを考えなければならないという話をしました。それは、安全保障をおろそかにして、他国の属国になってしまえば、もはや日本人は自分の運命を自分たちで決めることができなくなってしまうからなのです。

確かに現在でも、日本はアメリカの顔色をうかがわなければ、決められない問題がたくさんあります。それが、アメリカに安全保障を握られているという現実です。しかし、日本が安全保障をおろそかにし、「武器を捨てても国は守れる」と考えるようなら、いずれ今度は、共産党が一党独裁体制を敷く中国が、日本の統治者として振る舞うようになることも、長期的にあり得るシナリオなのです。

日本は、アメリカとは、民主主義という価値観をともにしています。アメリカの政治家は、国民の目がある手前、そこまで過激な政策を取ることはできません。一定のチェック機能は働いているのです。しかし、中国にはそのチェック機能がありません。中国共産党政府は、政権についてからこれまで、チベットやウイグルを侵略し、現地に漢民族を入植させて伝統文化や宗教を滅ぼす政策を取ってきました。国内では、現在でも政府の批判を自由に行うことができません。インターネットも監視されており、検索できない言葉だらけです。特に、習近平・国家主席が就任してからは、民主主義といった「西側」の価値観の流入に神経を尖らせており、大学などでの思想教育を強化する方針を打ち出しています。自国民の人権にすらまともに向き合わない独裁体制が、日本の運命を意のままにできるとすれば、どのようなことがこの国に起きるでしょうか。考えるだけでも、背筋が寒くなります。

もっとも、日本を勢力圏に組み込んでも、中国が日本という国を壊すようなことを、何もしないということだって、当然ながらあり得ます。たとえば、日本の独立を最低限、尊重して、日中同盟を結んで協力関係を取るという次元に、とどめるかもしれません。可能性としては、日米同盟が日中同盟に入れ替わるというレベルから、中国が実際に日本を植民地として統治するところまで、広い範囲があります。しかし私は、事態はそうした生易しいものでは終わらないのではないかと、危惧しています。なぜなら、中国が執拗に歴史問題で日本を攻撃しているという事実が、「日本を手中に収めた時に、中国が何をする気なのか」を暗示しているのではないかと感じるからです。

日本軍が一九三七年に南京を占領した際に、大虐殺によって三十万人以上を殺害し、女性は子供から老人までを強姦したと、中国は主張しています。また、韓国と相乗りするかたちで、日本の官憲が朝鮮半島から二十万人の女性を強制連行して慰安婦にしたという説を宣伝しています。江沢民・国家主席の時代に、中国国内では反日教育が強化され、テレビでは「侵略者の日本軍を勇敢な共産党軍がやっつける」という反日ドラマが繰り返し放映されており、抗日のナショナリズムを国民に刷り込んでいるようです。

こうした、「被害者」としてのストーリーを頑なに信じている中国の体制は、丸腰の日本に対して、どのように振る舞うでしょうか。中国が太平洋をアメリカと分け合い、日本がその軍門に下った時、中国軍が日本を占領することも可能になります。もし仮に、中国軍が東京に乗り込んでくるとしたなら、彼らは、日本軍が南京で行ったと信じていることを、そっくりそのまま、再現してくれるかもしれません。その時には、日本人はもはや抵抗する手だてを持たないのです。なぜなら、中国がアメリカを東アジアから追い出したその時には、アメリカにしても中国に反撃するだけの力をもはや持たなくなっているからです。各国の寄り合い所帯である国連にしても、「東京大虐殺」を止めることはできません。

また、中国は一九七〇年代から一人っ子政策を取ってきましたが、文化的な影響で男の子の出産を優先するカップルが多く、二〇一四年の統計では男性が女性よりも三千万人以上も多い、いびつな人口比になっています。一説には、二〇二〇年に二十二歳〜三十四歳の男性の数は同年代の女性の数よりも、二千六百万人も多くなり、結婚できない男性があふれるということです。(8)

さて、結婚できない彼らを、中国政府が大量に日本に移民させるような政策を取ったら、どうなるでしょうか。中国側は、日本軍が南京占領時に、片っ端から女性をつかまえては凌辱し、むごたらしく殺害したと主張しています。このことを信じる若い中国男性が、大挙して日本に移り住んで、あろうことか「民族の恨みを晴らそう」などと考えたとしたら、何が起きるでしょうか。日本の警察が彼らを捕まえたとしても、中国政府は「釈放しろ」と圧力をかけるかもしれません。その結果、彼らは日本でやりたい放題になることもあり得ます。彼らの傍若無人さに対して、業を煮やした日本人が反乱を起こして立ち上がるかもしれません。その場合、中国軍が「自国民の保護」を理由に彼らを鎮圧すれば、それで終わりです。

こうした未来を望む人は、日本に何人いるでしょうか。

もしも中国が思うままにその戦略を達成し、日本側が何もしなかった場合には、こうした未来が実際にあり得るのです。日本で暮らす私たちにとって、内戦や虐殺やジェノサイドは、遠い外国で起きている出来事かもしれません。あまり関心がないと思っているかもしれません。国際機関や、一部の志あるNGOや、途上国支援に関心のあるボランティアだけが考えればいい問題だと思っているかもしれません。しかし、一方の国が相手の国よりもはるかに強くなってしまった場合には、こうしたシナリオもあり得るのです。それが、国際社会の現実であり、日本も決して例外ではないのです。アメリカは「世界の警察官」と言われることがありますが、国際社会に本当の意味での警察官は存在しません。力のある側が、相手に主張を押し付けることができる、そうした弱肉強食の原理で動いているのです。

「国の独立をいかに維持するか」という、当たり前のことを考えることを怠った時、私たちは、自分の運命を自分で決定する力を失います。しかしその時に、侵略者だけを責めて、被害者面をすることはできません。なぜなら、この国を守ろうという責任を忘れ去り、惰眠をむさぼったのは、他ならない、この国に暮らす私たちだからです。私は、後れて来る私たちの子供や孫たちが、この国で少しでも、幸福な暮らしを営めるような未来を、次の世代へと残したいと思っています。そのためには、私たちが、この国の独立をいかに守るかを考えなければなりません。ここまで述べてきたことは、考え得る中での「最悪のシナリオ」です。実際にその通りになるかは、誰にも分かりません。しかし、「最悪のシナリオ」があり得るのだと理解したなら、今度はそれを回避するためにどうするかを考えていく必要があるでしょう。

冷戦終結の際に、世界に覇を唱えたアメリカの強大な力には、今や衰えが感じられます。しかし、現在でもアメリカは心強い同盟国であり続けています。このアメリカとの同盟関係を生かしつつも、日本は自らの力で身を守るための方法について、検討を重ねていく必要があるのです。安全保障の問題と歴史認識の問題のどちらも、日本の生存がかかっている、極めて重要な問題なのです。軍事力を拡張して、アメリカに対して優位に立つことは、中国にとって、日本を属国化する力を得ることです。一方で、中国が歴史問題について日本を糾弾し、「日本は侵略国家であり、中国を蹂躙した悪人の国だ」と国際社会で言って回ることは、日本を属国化することを正当化しようとする動きであると言うことができます。私たちは、この二つの問題が両輪であるということを意識した上で、中国やアメリカとの関係を考えていく必要があるでしょう。

ボストン大学で出会った「歴史戦」の最前線

歴史問題については、中国系や韓国系の住民がアメリカで宣伝活動を続けていることが知られており、各地で「慰安婦の碑」や「慰安婦像」が建てられています。また、中国系のアイリス・チャンという作家が南京事件について書いた『ザ・レイプ・オブ・南京』はベストセラーとなり、日本がナチスのホロコーストにも近い犯罪行為を働いたという説を広めました。アメリカで、日本の主張は押され気味になっていると言えるのではないでしょうか。私自身も、この問題については、大学時代の思い出があります。歴史問題の論争について、日本が主張している立場はまったく顧みられないまま、教育現場でも中国や韓国の主張が教えられている現状があります。

あるイタリア人の教授が教えていた中国近代史の授業では、明王朝の時代から現代へと歴史の流れを追っていたのですが、学期末が近づいて、授業は第二次世界大戦の頃に差し掛かりました。ある日、その教授が、次の授業は出張で留守にすると告げ、代行の大学院生が来て「南京大虐殺の映画」を流すので、それを見て感想を書くよう、クラスに指示を出しました。私の知識不足で具体的な作品名まで特定できなかったのですが、その作品は、日本軍が南京に入城し、殺戮の限りを尽くす様子を実写タッチの映像で描く、むごたらしいものでした。映像には、虐殺の様子を生々しく証言する元日本軍兵士を名乗る男性と、虐殺はなかったと解説する日本人の学者のコメントがあったのを記憶しています。ラストシーンは、荒らし尽くされた南京の街をバックにテロップが流れ、日本軍は南京占領時に組織的な大虐殺と婦女暴行を行い、東京裁判によれば犠牲者は二十二万人以上とされていると書かれていました。すべてが終わった後、まるで拷問でも受けたかのように、クラスメートがみな、重苦しい雰囲気だったことを記憶しています。

提出を指示された感想文の中で、私は当時持っていた拙い知識を使い、せめてもの反論を試みました。天皇陛下率いる日本軍が組織的に命令を出して虐殺を行ったという印象づけに問題があること、死者数は非現実的で、東京裁判の証拠となった証言も怪しいこと、映像の中で靖国神社を戦争礼賛の神社のように描写したことは中国による内政干渉の正当化であることなどを挙げて、作品を批判するレポートを書いたのです。その教授はこの問題の専門ではなかったのか、私のレポートに自分で回答せずに、代わりに日本史の教授が映画の内容を一点ずつ擁護するように書いたコメントを、転送して届けてくれました。「これ以上の論争は望まない」という趣旨の担当教授自身のメッセージとともに。その日本史の教授は、慰安婦問題で強制連行説を長らく主張してきた日本人学者の著作を英訳した方ですので、そうした立場を取ることにも合点がいきました。

南京事件について、さらにもう一つ。ボストン大学での最初のセメスターで受講した安全保障概論の授業では、教授が近代の戦争の歴史をたどって解説を行っていたのですが、ある日、第二次世界大戦のところで、担当の教授が、やはり「南京の映画」を授業で観せると予告したことがあります。結局、授業の進捗が遅れていたため、上映自体は取り止めになったのですが、教授はしきりに「忘れられたホロコーストがあったのだ」と、『ザ・レイプ・オブ・南京』のキャッチコピーを強調して、映画を見せられない事を悔しそうにしていました。

最後にもう一つ。卒業前の最後のセメスターでは、アジア太平洋地域の歴史について学ぶ授業を受講したのですが、担当は正規の教授ではなく中国人の優しそうな留学生が務めていました。中国で生まれて、現地の教育を受けたと聞いていたので、私はセメスターの初めから嫌な予感がありましたが、やはり案の定でした。東アジア、東南アジアの近現代史を、テーマや国別に追っていった中で、テーマが第二次世界大戦に差し掛かると、登場したのは、何を隠そう「南京事件」。この講師はおもむろに、「日本は南京でヒャクニンギリ(百人斬り)をやった」と言い始めました(パワーポイントにも、「Hyakunin giri」と書いてあった)。「百人斬り」は、南京戦の際に日本軍の将校二人が日本刀で何人斬れるかを競争したという話で、当時の新聞が報道したものですが、戦意高揚を狙ったプロパガンダとされています。

「ディスカッションが大事だ」と日ごろから言っていたこの講師は、私にアイコンタクトを取ってきたので、私は手を挙げて「日本刀では、そんなに人は斬れないのですが」と異論を挟み、もう一人いた日本人のクラスメートと一緒に反論しました。その講師は、この問題について予習が足りなかったのか、やや慌てた様子でまともに反論することもなく、「あったものはあったんだ」と負け惜しみの捨てゼリフを吐いて、次のテーマに授業を進めてしまいました。論争になることが分かっている話題なのだから、そこまで詳しく知らないのであれば、わざわざ持ち出すこともなかったのはずなのですが。ひょっとすると、全米各地で、中国人や韓国人の大学院生が講師として授業を受け持って、母国の学校で教えられたことをそのまま話すようなことが、起きているのでしょうか。実態は分かりませんが、そう考えると、当時も、何ともやるせない、後味の悪さだけが残りました。

そもそも、私が学生時代に使っていた外交史などの教科書の参考文献一覧には、堂々と『ザ・レイプ・オブ・南京』が載っています。中国側の主張が、海外の学者の間にも浸透していることが伺えます。アメリカの教育界に対しては、慰安婦の強制連行について記述したカリフォルニア州の高校の歴史教科書について、歴史学者が修正の申し入れを行うなど、積極的に動いています。

今後も、韓国系や中国系の活発なロビー活動に対して、こうした攻防を続けていく必要があります。

一方で、こうしたいわゆる「歴史戦」の展望について、私は憂慮しているものの、まだ絶望的だとは考えてはいません。なぜなら、先に述べたように、国際社会は国益をめぐるパワーゲームが優先する舞台であるため、国と国との関係の変化によって、どうにでも未来が変わる部分があるからです。特に、安倍首相が発表した戦後七十年の首相談話は、歴史認識の見直しについて抑制的なトーンになっていて、今後のアメリカとの関係を見据えるという意味では、好感できるものだったと言えるのではないでしょうか。もっとも、第一章で述べたとおり、日本側からの歴史の見方で言えば不十分なところがありましたが、これまで「右翼のナショナリスト」だと思われてきた安倍首相が、本来の主張を抑え気味にしたことで、アメリカ側としても、友好関係を続けていきたいというシグナルだと受け取ったと言えます。

安倍首相はここまで、日米ガイドラインの改定や集団的自衛権の行使を認める安全保障関連法案の成立などを通じて、日本がアメリカと一体となって中国対策を行っていくという姿勢を打ち出しています。そうした流れの中で、今回の談話もアメリカ側の立場に配慮した内容にしたことにより対立を避け、日米関係のさらなる強化の意思を示したという見方もできます。安倍談話は、様々な方面に配慮した痕跡が見られる長い文章になりましたが、プラスの意味をくみ取るとすれば、そうしたことが言えるのではないでしょうか。

そして、安倍談話が抑制的なトーンになったことによって、今度は、中国側が歴史をねじ曲げて語っていることに対して、スポットライトが当たり始めています。中国共産党政府は、「共産党が『抗日戦争』を戦い、日本に勝った」といった歴史観を持っていますが、これに対して疑問の声も出てきているのです。そもそも日中戦争当時の中国では、その後に台湾に逃れた国民党が正式な政府として日本と対峙したのであって、共産党はゲリラのように逃げ回っていたにすぎません。それにもかかわらず、中国共産党は「抗日戦争」の勝者のように振る舞い、日本に対して居丈高に「反省」を繰り返し求めています。

最近では、「抗日戦争」の勝利を記念して中国で制作された「カイロ宣言」という映画が、史実を極端に歪めていると批判にさらされました。カイロ宣言は、アメリカ、イギリス、中国が一九四三年に、戦後のアジアについての方針を話し合うために開いた会談で、発表されたものです。そこに参加していたのは国民党の蔣介石ですが、あろうことか映画では、共産党の毛沢東が参加して、熱弁をふるう場面が登場するといいます。「抗日」の歴史を強調したい共産党が歴史を自分たちの都合のいいように使っていることが露呈していると言えます。

「安倍談話」の発表について論評した米ワシントン・ポスト紙の社説は、中国のご都合主義の歴史観に苦言を呈するところから始まっています。

アジアの歴史に向き合う場合には、驚くようなダブル・スタンダードが存在する。中国は、二十世紀の過去について、わずかでも真実に近いことを、国民が学ぶことを許さない。どの中国の勢力が日本の侵入者と戦ったかということも、指導者・毛沢東の政策が引き起こした一九五八年から一九六一年の大飢饉で数百万人が犠牲になったことも、一九八九年の天安門事件での残酷な弾圧もだ。それでも、中国政府の高官は、日本の歴史教科書に判断を下したり、第二次大戦についての日本の公式声明の一言一句を解析する権利が彼らにはあると感じている。(9)

中国共産党の側からすれば、経済成長を実現して国民生活を向上させているという点と、「抗日戦争」で日本を負かして国を守ったという点が、自身の統治の正統性をアピールする二大要素となってきました。日本がそのうちの一つである「抗日戦争」をめぐる歴史についての誤りをただすように求めることは、中国共産党の統治を揺るがす可能性があると言えるでしょう。「日本はファシスト国家だ」とする中国のプロパガンダに対して、日本側は「日本は戦後一貫して、平和国家であり続けた」という趣旨での反論を繰り返しています。ここでもう一歩、踏み込むことができれば、「中国が主張する『戦後秩序』は誤りである。むしろ日本はアメリカとともに、共産主義と戦い、冷戦の勝者となった」というレトリックで、中国側に対峙していくことも可能かもしれません。

アメリカに「二択」を迫る歴史問題

中国が今後もさらに軍拡を続け、周辺国に脅威を与えるにつれて、アメリカは二者択一を迫られることになります。前述のとおり、中国は日本を「ファシスト国家」と呼び、「軍国主義の日本を破って、民主主義を守った」という歴史認識を持つアメリカに共闘を呼び掛けています。いわば、アメリカの歴史認識を利用して、日本という敵をつくり上げ、自国の軍拡を正当化しているわけです。あたかも、「悪い日本」を中国が抑え込む必要があるとでも言うかのように。しかし、中国がこのまま軍拡を続けていけば、当然ながら、現在の東アジアの覇権を握っているアメリカと利害が衝突していくことになります。アメリカは、中国が地域の覇権国家として台頭して自国の地位を脅かすことを、許すかどうかという問題が出てくるわけです。

そこでアメリカが直面するのは、中国に利用されてしまっている「日本の軍国主義を倒して、民主主義を打ち建てた」という歴史認識を維持するのか、あるいは歴史認識での日本とのさらなる和解を進めるのかどうかという問題です。私は、中国の問題がさらに大きくなり、それにともなって日米の協力が進むにつれて、アメリカにしても、歴史認識で日本に譲歩する余地が出てくることはあり得ると考えています。安倍首相は二〇一五年五月にアメリカ議会で行った演説の中で、日米がお互いの勇戦を称えあうという演出を行いましたが、そうした日米和解のプロセスとして、歴史問題の解決が進むことはあり得るのではないでしょうか。実際に、オバマ大統領は二〇一六年五月に、原爆投下の地である広島を訪れ、日本の歴史的な和解と友情を示しました。広島訪問に加えて、もし近い将来、アメリカ大統領が靖国神社を公式に参拝するようなところまで日米関係を前進させられれば、その時点で、歴史問題が今日ほど大きな外交問題になることは、ほとんどなくなるのではないでしょうか。靖国については、二〇〇二年にもブッシュ大統領の参拝が計画されたこともあり、将来的にあり得ない話とは言い切れません。

中国が日本の歴史問題を執拗にあげつらっているのは、多分にアメリカ向けのレトリックでもあるため、もし日米がお互いの歴史認識を尊重し合うところまで関係を進められるのであれば、中国の〝いちゃもん〟はほとんど意味をなさなくなるでしょう。こうした時が来るまで、日本は何としても粘り抜く必要があります。先の大戦での日本の戦いに一定の理があったことは確かなのですが、それを政府が主張しようとすると、今度はアメリカとの関係を壊してしまうという可能性もあります。核保有国でもない日本としては、現在のところアメリカに安全保障を委ねざるを得ない状況にありますので、対米関係を絶望的に損ねない範囲で、歴史問題を一歩ずつ着実に前進させていかざるを得ません。この点については、談話策定にあたって、安倍首相も苦慮した点ではないかと思います。

そうした点で、これから考えていく必要があるのは、日本はアメリカとどのような歴史認識を共有するのかということです。日本とアメリカの双方が尊重し合えるような歴史の見方は、どのようなものだろうかということです。日本側からの歴史見直しの取り組みといえば、どうしても広島・長崎への原爆投下や東京大空襲、東京裁判も含めた占領政策について、アメリカの非を問うというかたちになってしまいます。「自分は反米主義者ではないが」と前置きした上で、アメリカを糾弾し、「真の友達なら真実を認めるべきだ」と述べるというのが、一つのパターンになっていると言えます。もちろん、原爆投下や市街地への空襲は民間人虐殺に他なりませんし、「勝者の裁判」である東京裁判の正当性を議論するのはとても重要なことです。しかし、私が考えてみたいのは、第二章で掲げた二つの原則に従って、先の大戦の歴史を整理するとどうなるだろうかというテーマです。すなわち、①片方が完全な善で、もう一方が完全な悪であるという歴史はない、②それぞれの国や民族には、自身の祖先を敬う権利があるという認識に立った時に、先の戦争はどのように見えてくるだろうかという問題です。

アメリカとの関係を変数に加えた場合に、歴史問題には一つのジレンマが付きまといます。それは、アメリカとの関係を進めようとすれば、「日本が侵略戦争をして悪かった」という見方になる。逆に、「日本の戦いにも理があった」と立証していくと、今度はアメリカとの関係を悪くするということです。これをいかに克服し、お互いが尊重し合える歴史観を構築できるかが、今後、重要なテーマになってくるのではないでしょうか。日本人が「国の独立を考える」という心を取り戻し、アメリカとも真の意味での対等な同盟国として付き合っていけるようになっていった時に、日米はどのような歴史認識を共有しているでしょうか。逆に言えば、どのような歴史認識を共有することが、日米が独立国家同士の健全な関係を築いていくために必要なのでしょうか。そうしたテーマについて、考えていく必要があるように思いますし、私自身も探究を続けていきたいと考えています。

3　日本が示す世界平和へのヒント

これはまったくの夢想に聞こえるかもしれませんが、アメリカとの歴史問題に真剣に取り組み、答えを出すことができるのならば、日本は世界に素晴らしいお手本を示すことができるのではないかと思います。二十一世紀の世界を画する最大の問題の一つは、キリスト教世界とイスラム教世界との間の「文明の衝突」です。すでにイスラム過激派によるテロの問題が大きくなっていますが、マクロの目で見れば、十字軍以来の抗争が底流にあると同時に、直近では欧米による植民地支配と、その後の中東への介入に対する反発という意味合いも見えてきます。シリアやイラクで勢力を築いた「イスラム国」をテロ組織と目するアメリカなどは、空爆によって壊滅を目指しています。テロに対する反撃という意味では、大義のある戦いなのかもしれませんが、問題は、たとえ空爆によって今いる過激派の戦士を掃討したところで、彼らをテロに走らせている思想そのものは残るということです。「イスラム国」を壊滅させたところで、同じような思想を持った組織が、今後、再び登場してくることは、想像に難くありません。その時に、アメリカなどは空爆を再び繰り返すのでしょうか。この戦いに終わりはあるのだろうかという疑問が、どうしても湧いてきます。

現在では、「日本はアメリカの〝傀儡国家〟」という見方をしている国もあるでしょうが、本当に日本がアメリカとの間で独立国家同士として和解することができれば、そして、歴史問題を克服して自信を取り戻すことができたならば、世界の紛争を解決する上での役割を担うことができる国になれるのではないでしょうか。日本は原爆投下や空襲といった被害を受けながらも、戦後はアメリカに対して憎しみを引きずりませんでした。こうした良好な国民感情は日米が安全保障で息の長い協力関係を築く上での支えになりました。日本がアメリカとお互いを称えあえる歴史認識を持って和解し合えれば、世界に新たなモデルを示すことにもなるでしょう。

日本の強みは、白人ではない国として初めて先進国になった国ということにあります。

日露戦争の勝利はイスラム圏にまで独立の希望を与えたといいます。欧米諸国が中東に介入しようとすれば、外交であれ軍事であれ、どうしても「旧植民地勢力」というイメージを与えてしまいます。その点、これまでに「神仏習合」の寛容さを歴史の中で育んできた日本には、世界の中で調整役としての大きな役割を、今後、発揮できる余地があるのではないでしょうか。そうであってこそ、日本の培ってきた歴史を、世界平和のために生かすことができるのではないでしょうか。

そのように、国際社会の中で「名誉ある地位」を占め、世界の秩序づくりに貢献していけるかどうかは、まずは日本に暮らす一人ひとりがこの国を愛し、発展させられるかどうかにかかっています。「自分の国は自分で守るものだ」という責任感を持ち、そしてこの国が世界の歴史において果たしてきたことの意味を、もう一度とらえなおしていくことが重要だと言えます。

戦後の灰塵から不死鳥のようによみがえった日本は、高度経済成長を経て、バブルの時代にその絶頂を迎え、平成の世になってからは下り坂に入ったかのように見えます。しかし私は、日本に本当の黄金時代が訪れるのは、実はまだこれからなのではないかという、漠然とした希望を持っています。なぜなら、戦後ここまでの日本の歩みは、「戦後」というメンタリティに支配された、いわば〝足かせ〟を着けたまま走っていた時代であって、戦後を克服したこれからの時代には、まだ次の輝かしい時代が待っているのではないかと思うからです。

二〇一四年に亡くなった元駐タイ大使で外交評論家の岡崎久彦氏は、戦乱の時代から文化が花開く絶頂の時期までには、およそ百年かかるというのが、世界史の法則だととらえていました。同氏は『吉田茂とその時代』の中で、「垓下の一戦から武帝の前漢の絶頂期まで、唐の建国から玄宗の開元の治まで、関ヶ原から元禄まで、ワーテルローから第一次世界大戦直前のヨーロッパの爛熟期まで、みなほぼ百年である。宋、明、清の各帝国の場合も同じであり、フローレンスの文化の最盛期までも百年かかっている」と述べています。

なぜ百年もの時間がかかるかといえば、それは戦争の後遺症が色濃く残っており、それを克服するまでに時間がかかるからということです。日本に当てはめれば、いわゆる歴史認識の問題や靖国神社の問題といった戦後の問題が、この「後遺症」にあたると言えるでしょう。その上で岡崎氏は、まるで遺言めいた言葉で、日本に素晴らしい時代が訪れるのはこれからだと述べています。これは私にとって、いわば宿題のように頭に残っている言葉です。

元禄の文化の興隆をになった西鶴、近松、芭蕉、関孝和など、戦争の影響がかけらもない世代は、関ヶ原後、四、五十年経ってから生まれた人々である。時代も条件も違うが、同じ時間の物差しをあてはめれば、紀元二〇〇〇年の時点で十代の少年以降の世代になる。

この戦争と戦後の記憶がまったくない新しい世代こそ、コンプレックスも何もない、真っ白なキャンバスに新しい鮮烈な線が引けるのだろうと思う。

二十一世紀の日本の将来のためにも、われわれの世代が生きているうちに戦争の後遺症をことごとく払拭して、次の世代のために、新しい真っさらなキャンバスを提供したいと思う。

その「真っ白なキャンバス」に、私たちは、いったいどのような線を引いていくのでしょうか。どのようなタッチとストロークで、この国の未来を描いていくのでしょうか。どうやって、この国の歴史を語り継ぎ、そして、後れて来る新たな人びとのために、この素晴らしい国を引き継いでいくのでしょうか。それはこれから、私たちの世代が、真剣に考えていくべき問いかけなのだと思います。そしてその答えの先に、日本の新たなる輝かしい時代が待ち受けていると、信じてやみません。

（1） 堺屋太一 「安全・正確で清廉な国」 日経新聞 二〇一五年八月五日 朝刊 二八面

（2）ＡＦＰ通信「悲劇の中、日本に集まる世界の称賛」二〇一一年三月一五日、二〇一六年六月一七日閲覧
http://www.afpbb.com/articles/-/2790613

（3）ウォールストリート・ジャーナル「Nuclear Overreactions」二〇一一年三月十四日、二〇一六年六月一七日閲覧
http://www.wsj.com/articles/SB10001424052748704893604576198723013907008

（4）アメリカ運輸統計局ウェブサイト「On-Time Performance - Flight Delays at a Glance」二〇一六年六月十七日閲覧
http://www.transtats.bts.gov/HomeDrillChart.asp

（5）国土交通省ウェブサイト「特定本邦航空運送事業者に係る情報」（平成二十六年度）二〇一六年六月十七日閲覧
http://www.mlit.go.jp/common/001097172.pdf

（6）『皇室はなぜ尊いのか』渡部昇一（ＰＨＰ研究所）十六～二二ページ

（7）『国家の盛衰』渡部昇一、木村凌二（祥伝社新書）三〇一～三〇二ページ

（8）毎日新聞　二〇一五年十月三十日　朝刊　三面

（9）ワシントン・ポスト「Mr. Abe's peace offering on Japan's past」二〇一五年八月十四日、二〇一六年六月一七日閲覧
https://www.washingtonpost.com/opinions/mr-abes-peace-offering/2015/08/14/4b937bb6-42a7-11e5-8ab4-c73967a143d3_story.html

（10）『吉田茂とその時代』岡崎久彦（ＰＨＰ文庫）四一九～四二〇ページ

【著者紹介】

呉 亮錫（ご・りょうせき）

作家、翻訳家。ウェブメディア「ザ・ニュー・スタンダード」編集長。米ボストン大学・国際関係学部を卒業後、雑誌編集者を経て独立。「第８回　真の近現代史観懸賞論文」（アパ日本再興財団主催）にて佳作受賞。在日韓国人三世。横浜市出身。

【STAFF】
構成・編集協力　　桑田篤（グラシア）
装丁・デザイン　　グラシア（http://glacia.jp）

「親日の在日」として

2016年10月20日　初版第1刷発行

著者　呉 亮錫

発行人　山田靖
発行所　株式会社 LUFT メディアコミュニケーション
〒105-0001 東京都港区虎ノ門 1-8-11
5825 第一ビル 5F
TEL：03-5510-7725　FAX：03-5510-7726
http://www.atpub.co.jp
印刷・製本　シナノ書籍印刷株式会社

ISBN978-4-906784-43-1 C0031